U0923669

红色医生

——新四军卫生工作的故事

国家卫生健康委人口文化发展中心
黄花塘新四军军部纪念馆 编

图书在版编目（CIP）数据

红色医生：新四军卫生工作的故事 / 国家卫生健康委人口文化发展中心 黄花塘新四军军部纪念馆编 . 北京：中国人口与健康出版社，2024. 7. -- ISBN 978-7-5101-8988-3

Ⅰ . E297.3

中国国家版本馆 CIP 数据核字第 2024SR6316 号

红色医生——新四军卫生工作的故事

HONGSE YISHENG——XINSIJUN WEISHENG GONGZUO DE GUSHI

国家卫生健康委人口文化发展中心　黄花塘新四军军部纪念馆　编

责任编辑	王素娟
美术编辑	刘海刚
装帧设计	刘海刚　刘婉婷
责任印制	林　鑫　任伟英
出版发行	中国人口与健康出版社
印　　刷	天津中印联印务有限公司
开　　本	710 毫米 ×1000 毫米　1/16
印　　张	17.5
字　　数	224 千字
版　　次	2024 年 7 月第 1 版
印　　次	2024 年 7 月第 1 次印刷
书　　号	ISBN 978-7-5101-8988-3
定　　价	98.00 元

微　信 ID	中国人口与健康出版社		
图书订购	中国人口与健康出版社天猫旗舰店		
新浪微博	@ 中国人口与健康出版社		
电子信箱	rkcbs@126.com		
总编室电话	（010）83519392	发行部电话	（010）83557247
办公室电话	（010）83519400	网销部电话	（010）83530809
传　　真	（010）83519400		
地　　址	北京市海淀区交大东路甲 36 号		
邮　　编	100044		

本书编委会

参编单位（排名不分先后）

北京新四军暨华中抗日根据地研究会
国家工程研究中心主动健康研究院
江苏护理职业学院马克思主义学院
江苏电子信息职业学院智能制造学院
江苏郭明义学雷锋爱心团队
江苏省淮安市新四军历史研究会
江苏省淮安市中心血站
江苏省淮安市急救中心
江苏省淮安市医学会
江苏省淮安市医师协会
江苏省淮安市第一人民医院
江苏省淮安市第三人民医院
江苏省淮安市第四人民医院
江苏省淮安市中医院
江苏省淮安市第五人民医院
淮安八十二医院
中共盱眙县委组织部
中共盱眙县委党史工作委员会
中共盱眙县委党校

江苏省盱眙县卫生健康委员会

江苏省盱眙县人民医院

江苏省盱眙县黄花塘镇人民政府

江苏省盱眙县新四军历史研究会

黄花塘新四军文化园（江苏省卫生健康系统党性教育基地）

扬子江药业集团有限公司

北京慈度健康管理有限公司

活水教育科技有限公司

南京冠宁生物科技有限公司

江苏大鸾文化旅游发展有限公司

★ 纪录片《红色医生——新四军卫生工作的故事》首播仪式在盱眙县黄花塘新四军文化园举行

★ 参加首播仪式的人员观看纪录片《红色医生——新四军卫生工作的故事》

★ 新四军老战士丁位西（右）、齐淮生（左）参加纪录片首播仪式

★ 江苏护理职业学院的学生参加纪录片拍摄活动

★ 画家翟立中向参加纪录片首播仪式的老战士赠送作品

★ 新四军老战士丁位西在少先队员簇拥下参观黄花塘新四军军部纪念馆

新四军军长陈毅之子
陈昊苏
我们红色的白衣战士
新四军副军长张云逸之孙
张晓龙
这个军民鱼水关系非常好
丁位西
96岁
新四军四师后方医院医务员
傅宗哲
91岁
新四军华野一师一团卫生队见习医生
不像现在有课桌
刘凯军
江南抗日义勇军政治部主任刘飞之女
乔阿光
新四军第一师一旅一团团长乔信明之女
王冲
98岁
新四军一师后方医院医务员
朱达应
94岁
新四军苏北指挥部二纵队九团二营四连卫生员

展学义
92岁
新四军苏中三分区靖江独立团
后方休养所医务员
朱新星
91岁
新四军卫生部直属医院
医务员
沙正平
92岁
新四军苏中二分区医疗三队
医务员
拿个罩子套在嘴上
朱丹
87岁
新四军第六师十六旅卫生部
助理军医
崔亚莉
新四军卫生部部长崔义田
之女
姚振华
95岁
新四军江抗后方医院
卫生员
张克宁
新四军江抗后方医院
医务主任张贤之子
齐淮生
94岁
淮南新医培训班学员

张延军
战伤医学专家
口的感染非常严重
过向宏
江苏省淮安市新四军历史研究会副会长
卞龙
黄花塘新四军军部纪念馆馆长
张广平
沙家浜革命历史纪念馆副馆长
仇金标
盐城新四军纪念馆馆长
胡敏
新四军军部旧址纪念馆讲解员
余金凤
盱眙县人民医院急诊科主管护师
援鄂抗疫人员
我牢记新四军的红医精神
朱发勇
盱眙县人民医院神经内科副主任
援鄂抗疫人员
冲到前线去

常浩如
江苏省新四军和华中抗日根据地研究会副秘书长

李玉学 84岁
盱眙县黄花塘镇村民

颜洁
为新四军送药的村民颜廷坤孙女

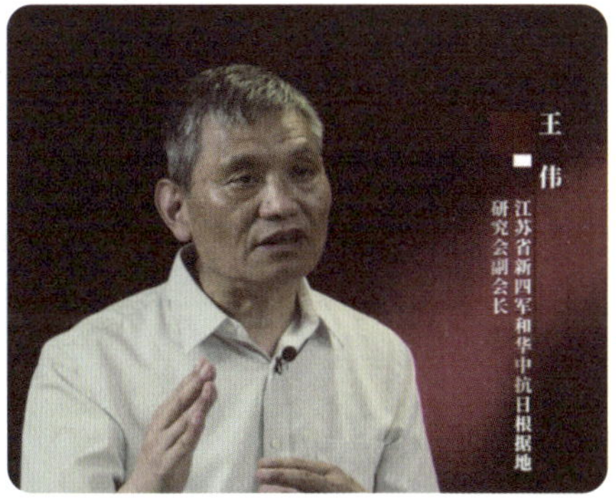
王伟
江苏省新四军和华中抗日根据地研究会副会长

朱郁草
江苏护理职业学院宣传部部长
来排除万难救治伤员

胡勇
江苏医药职业学院宣传部部长
开学第二天

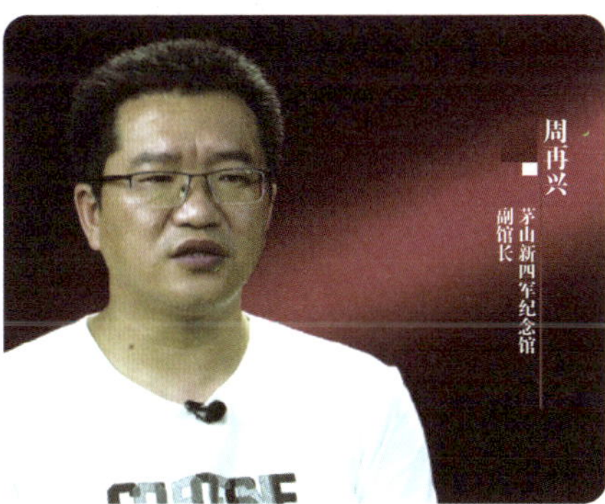
周冉兴
茅山新四军纪念馆副馆长

★ 在盱眙研究创作计划

★ 在黄花塘新四军军部纪念馆铁军大课堂拍摄

★ 在武汉拍摄

★ 在南昌拍摄

★ 在皖南事变烈士陵园拍摄

★ 摄制组在北京拜访陈昊苏

★ 摄制组在北京拜访张晓龙

★ 在淮南新医培训班学员齐淮生家里拍摄

★ 在江苏省常熟市拍摄

★ 在天长市中国人民抗日军政大学第八分校纪念馆拍摄

★ 在新四军军部旧址纪念馆拍摄

★ 在淮南抗日根据地山区拍摄

★ 在黄花塘新四军军部纪念馆拍摄

★ 2021 年 6 月 4 日纪录片在淮安杀青

注：照片由陈大力、周永军、颜洁、喻峰、季宇星等同志提供。

为新四军卫生工作故事题

江淮河汉东流水，
党政军群奋进诗。
独立自由凭苦战，
牺牲喋血树红旗。
雄关屡破依前例，
救死扶伤赖众医。
锦绣山川添美好，
卫生战士驻英姿。

陈昊苏

2021年12月3日

★ 陈昊苏为纪录片题诗

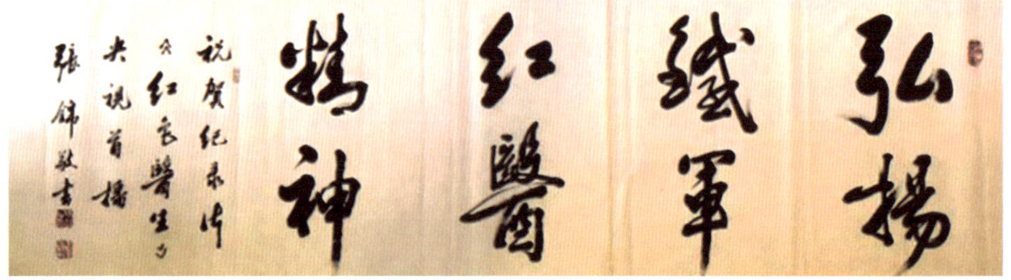

★ 新华社原秘书长张锦为祝贺纪录片在央视播出题字

序言 PREFACE

2021年12月，央视国防军事频道CCTV-7播出了反映新四军卫生工作的三集纪录片《红色医生——新四军卫生工作的故事》，我感到非常亲切。当年，我的父亲陈毅担任新四军代军长，指挥新四军将士奋战华中、驰骋疆场，多次粉碎日伪军的“扫荡”“清乡”，保卫、巩固和发展了华中抗日根据地，新四军的卫生战士发扬不怕牺牲、敢于战斗、救死扶伤、善举杏林的精神，有力地支持了前方战场。现在我又看到《红色医生——新四军卫生工作的故事》的书稿，更是感到高兴，持卷不舍，翻阅细赏，当年新四军卫生工作的丰富史实和感人故事一幕幕涌上心头，难以释怀。

《红色医生——新四军卫生工作的故事》图书是纪录片的“姊妹篇”。纪录片是以电视镜头的形式，动态地展示了新四军战地红医的历史故事；图书则是以故事、史料的形式，静态地呈现出新四军医务工作的发展进程和历史史实。纪录片可以直观地再现新四军卫生工作的场景，图书则可以将红色医生的感人故事和史实资料摆上书架，存入档案，予以收藏保存。二者一影一书、一动一静、一盘一册，相互补充、相得益彰，成为记录和介绍新四军卫生工作的重要史料，难能可贵。

新四军因抗日战争的爆发而组建。1937年10月，新四军军部在武汉成立，随后转战于南昌、皖南、盐阜、淮南、鲁南等地，直到1947年初改编为华东军区和华东野战军，新四军建制取消，十年间经历了军部初建时的艰难、部队整编时的努力，经历了“皖南事变”的惨烈、盐城重建的新生，经历了东进抗日的血战、敌后坚持的艰辛，也经历了刘老庄战斗的悲壮、车桥战斗的胜绩。在历时八年的全民抗战中，新四军在华中地区共建立了苏南、苏中、苏北、淮南、淮北、皖中、鄂豫皖和浙东 8 个抗日民主根据地，地跨苏、浙、皖、豫、鄂、湘、赣等省，为坚持和发展华中人民革命斗争奠定了坚实的基础，为抗日战争的胜利作出了巨大贡献。新四军主力部队也从初建时的 1 万余人发展到 31 万余人（含地方武装），民兵和人民自卫武装发展到 96 万余人，经历了数千次大小战斗，共歼灭日伪军 31.7 万余人，同时，新四军也付出了伤亡 8.9 万余人的巨大代价。

新四军在叶挺、项英、陈毅、刘少奇等军政首长领导下，逐步建立健全了与部队发展相适应的各级卫生机构；在广泛吸收城市医学界知识分子的同时，自力更生开办训练班和卫生学校，大量培训新干部，不断轮训原有干部，建成了一支有万余名医务人员的医务技术干部队伍；因陋就简，建立了近百所医院或疗养（休养）所。新四军的卫生工作深入基层，对根据地军民不间断地进行卫生常识和文明宣传教育，改变他们不讲卫生的陋习，开展全民卫生防疫工作，提高了部队指战员和根据地群众的健康水平，有效地控制了常见病、传染病的发病率，并对根据地的文明发展和社会进步产生了长期持续的影响。在战斗中，医务人员不怕流血牺牲，开展战场救护，救治了 8 万多名伤病员，有力地鼓舞了部队的作战士气，留下了许多可歌可泣的动人故事，涌现出沈其震、崔义田、宫乃泉、吴之理等一大批医术高超、成绩卓著的红色医生，他们和拼杀战场的将士们一样，都是我们敬仰的英雄。

本书所记载的这些珍贵的史料和一个个真实的故事，值得我们认真阅读，以便从中了解英雄事迹、学习革命榜样、坚定信仰初心、传承红色基因、继承革命传统、汲取无尽力量。尤其对于当代医务工作者，更要大力弘扬爱岗敬业、无私奉献的精神，促进医疗卫生健康系统的医德医风建设，

推动健康中国战略的发展。这本书不仅是对新四军红医史料的记载，也是当前红色基因传承、铁军教育和新时期精神文明实践的极好教材。近年来，面对新型冠状病毒感染疫情的肆虐，我们的卫生战士、医护人员不顾个人安危，逆行千里，救死扶伤，夜以继日地奋战在抗疫前线，谱写了一曲曲慷慨激昂的大爱凯歌！

纪录片首播时，我曾为之写了一首小诗以贺：

江淮河汉东流水，党政军群奋进诗。

独立自由凭苦战，牺牲喋血树红旗。

雄关屡破依前例，救死扶伤赖众医。

锦绣山川添美好，卫生战士驻英姿。

今天亦将此诗献给图书《红色医生——新四军卫生工作的故事》的出版。

我们将继承父辈的遗志，高举理想旗帜，永葆革命初心，弘扬红医情怀，在以习近平同志为核心的党中央坚强领导下，开拓创新，砥砺前行，改革奋进，圆梦民族复兴，建设好我们伟大的祖国！

是为序！

陳昊苏

2022 年 3 月 26 日

前言 FOREWORD

2021 年 12 月 10 日，《红色医生——新四军卫生工作的故事》纪录片在央视 7 套播出，引起强烈的社会反响，几位参加纪录片口述史录制的新四军老战士特地打来电话，表达他们难以抑制的兴奋心情。他们高兴地说：怎么也没想到，在有生之年，能把自己亲身经历的卫生战线上的峥嵘岁月搬上荧屏，向广大电视观众讲述战争年代医务人员战地救死扶伤的艰难困苦、不怕牺牲的岁月，了却了一生的心愿。

为了真实反映抗日战争期间，新四军卫生战线的白衣天使们“救死扶伤，防病治病”的战地救护事迹，摄制组历时 8 个月，足迹遍及苏皖大地、新四军东进抗日转战的每一处战场和纪念馆，收集到了大量珍贵的实物、照片和文献史料。其中，包括对朱新星、傅宗哲、展学义、沙正平、王冲、朱丹、丁位西、朱达应等 8 位高龄新四军卫生战线老领导的采访，和对开国将领刘飞、乔信民、张贤、崔义田等新四军后人的访问，展现了新四军红医战士可歌可泣的精神力量。

60 余分钟的纪录片侧重于时间、人物和故事情节的连贯性，并不足以全面展现新四军卫生工作的历史全貌，不足以深入挖掘新四军时期发生在卫生战线上的典型人物和感人事例，更不足以充分光大这些特殊的人物及事例背后所蕴含的精神力量。为此，我们对收集到的文献史料进行了重新分类整理，择其中部分汇编成册，力求使这些散落于各处的宝贵资料能够全面地呈现在读者面前，生动、详细、客观、真实、准确、完整地讲述发生在新四军卫生战线上的故事。

本书开篇“不可磨灭的记忆”即为读者展开新四军卫生工作的宏观画面，其中包括宋庆龄领导的“保盟”、沙序凯创建的“保健堂”和卫生战线最早的刊物《医务生活》等鲜为人知的故事。第二篇“巍峨矗立的丰碑”针对第一篇中提到的重点人物做展开介绍，既有医疗卫生工作的领导沈其震、崔义田、宫乃泉等，又有战斗在火线上的女卫生战士丁志辉、傅红渠、薛联、沈静等，还有国际共产主义战士琼·尤恩、罗生特等，纵向对人物、故事进行深度挖掘。第三篇“志同道合的伉俪”介绍了五对新四军红医夫妇的感人故事，增强本书可读性、生动性、人物性的同时，讴歌硝烟战火中升华起来的美好爱情。第四篇“纪录片《红色医生——新四军卫生工作的故事》”，从对高龄新四军卫生老领导的采访和对新四军将领后人的采访中，再次生动诠释新四军卫生将士为有牺牲多壮志的铁军斗志。总之，全书四个篇章，纵横交织，疏密交错，相映成辉，相得益彰，全方位呈现了新四军卫生战线波澜壮阔的历史画卷。

本书在成稿和出版过程中，得到了中国人口与健康出版社和江苏护理职业学院马克思主义学院等单位的领导及编辑的热心指导与帮助，他们在资料收集整理、结构编排、内容布局、史料校正等方面做了大量富有成效的工作，是他们的专业、职业和敬业，真心、诚心和耐心，才使得这样一部医学史料得以呈现在广大读者面前。在此，对他们表示由衷的感谢！本书是一本不可多得的宝贵参考资料，相信它的出版，对卫生健康系统深入开展主题教育活动，积极推进“大思政课”建设，将发挥独特作用。

目录 CONTENTS

第一篇　不可磨灭的记忆

第二篇　巍峨矗立的丰碑

第三篇　志同道合的伉俪

第四篇　纪录片《红色医生——新四军卫生工作的故事》

附 录

第一篇

不可磨灭的记忆

1937 年全国抗战爆发后，国共两党结成抗日联合战线，根据两党协议，将江西、福建、浙江、安徽、河南、湖北、湖南、广东共 8 个省境内的 15 块游击区的工农红军和游击队改编为国民革命军陆军新编第四军，简称新四军，并决定由叶挺担任新四军军长。

对于常年驰骋疆场、叱咤风云的叶挺军长来说，他清楚地知道部队医疗卫生工作的重要性。战场救护，分秒必争，关乎着每一个伤病战士的生命，组建一支素质高、技术精、能战斗的医疗卫生队伍何其重要，所以，他在奉命组建新四军时，决心要建立自己的医院和医务人员队伍。

谁最合适？叶挺首先想到的一个人便是沈其震，于是便远赴上海，找得老友，晓予道理，就这样沈其震便成了叶挺将军招募来的第一人，并担任了军医处处长。在沈其震的招募下，一大批抗日爱国的医疗卫生工作者参加了新四军，逐步建立健全了与部队发展相适应的各级卫生机构。

在八年抗战中，新四军医疗卫生工作人员做了大量卓有成效的工作：完善机构，强化组织，建成了一支有万余名医务人员的医务技术干部队伍；自力更生开办训练班和卫生学校，大量培训新干部，不断轮训原有干部，提高医务人员的思想觉悟和技术素养；因陋就简，建立近百所医院或疗养（休养）所，使伤病人员得到及时救治；广泛吸收城市医学界的爱国知识分子，不断壮大新四军的医疗卫生队伍；在战时做好战场救护，医务人员不怕流血牺牲，救治了 8 万多名伤病员，保障了新四军的战斗力量。医务人员在做好部队医疗卫生工作的同时，还深入基层，对根据地群众进行卫生常识普及和文明宣传教育，改变不讲卫生的陋习，开展全民卫生防疫工作，提高了部队指战员和根据地群众的健康水平，有效地控制了常见病、传染病的发病率。部队无论驻扎何地，无论战事如何紧张，都没有放松医疗卫生工作。

经过全国军民共同努力，顽强战斗，终于取得抗日战争的伟大胜利，新四军医疗卫生工作功不可没。

新四军的卫生工作

在陈毅和刘少奇等党和军政首长的领导下，随着部队和根据地的发展，新四军建立健全了各级卫生领导机构和医疗、卫生保健组织体系，完成了十分繁重的卫生保健和医疗救治任务。部队卫生工作始终明确贯彻“预防第一”的指导思想，把基层卫生建设放在首位，保障了部队指战员的身体健康，减少了非战斗减员，增强了部队的战斗力，为保证华中抗日战争的胜利，起到了重要的作用。新四军还重视卫生干部队伍的建设和知识分子政策，继承和发扬了红军卫生工作的优良传统，建立了各项卫生管理制度，在困难的条件下保证了部队的药材供应；大力开展群众性卫生运动，并积极帮助地方政权开展卫生建设，参加地方疫灾组织抢救等工作。在八年抗战中，新四军的卫生工作积累了丰富的经验，培养出大批人才，为华东军区、第三野战军三年解放战争中卫勤保障工作的发展打下了良好的基础。

资料来源：李振之．新四军的卫生工作[M]//中共盱眙县委党史工作委员会．新四军军部在黄花塘．南京：江苏人民出版社，1993:752-768.

卫生机构的演变

1937 年秋，叶挺军长赴武汉经上海时，特邀医学博士沈其震同行。组建新四军时，聘任沈其震为军医处处长。1938 年 2 月，沈处长在南昌正式宣布军医处成立，任命宫乃泉为医政科科长，齐仲桓为保健科科长，吴之理为材料科科长，叶钦和为总务科科长。

党中央对新四军卫生工作非常关心，从延安派总部卫生部部长吉洛(姬鹏飞)任新四军留守处主任兼军医处协理员。周恩来副主席请回江西探亲的中国工农红军总卫生部医务主任戴济民担任新四军军医处副处长。

军部下属各支队和指挥部也都设立了军医处，团设卫生队，营有卫生指导员(医务员)，连有保健员(卫生员)。

军、支队、指挥部都设有医院(休养所)。军部最早建立的医院是皖南云岭小河口的后方医院和南堡村的前方医院。前后方医院均设门诊部、化验室、手术室，还有 X 光室、营养室、淋浴室及灭虱室。病房虽是祠堂茅舍，设备简陋，但工作正规，制度健全，管理严格，环境整洁，吸引了国内外一些著名人士参观访问，受到广泛好评。

“皖南事变”后，1941 年 1 月 25 日，新四军军部在盐城重建。这时军部设卫生部，沈其震任部长，崔义田、戴济民任副部长，奥地利医学专家罗生特任顾问，齐仲桓任医务主任。下设：医政科，科长薛和；保健科，科长杨光；材料科，科长洪振声；管理科，科长袁序。后方医院，院长戴济民(兼)，于 1941 年夏季反“扫荡”后改为直属休养所，所长宋文静。华中医学院，院长沈其震(兼)，副院长宫乃泉(兼)。华中卫生学校，校长崔义田(兼)。各师旅(军分区)也相继建立了卫生部、医院和卫生训练机构。一师卫生部长李振湘，二师卫生部长宫乃泉，三师卫生部长先后是张化一、齐仲桓，四师卫生部长林士笑，五师卫生部长栗秀真（女），六师卫生部长林震，七师卫生部长黄农（王雨田），独立旅卫生部长黄乎。

1943 年春，军部从苏北盐阜区转移到淮南抗日根据地黄花塘时，由于精兵简政，机构缩编，军卫生部与军供给部合并为供卫部，驻黄花塘附近的常庄。部长宋裕和，副部长崔义田、戴济民、宫乃泉 (1944 年 4 月到任)。医务主任齐仲桓，后为叶果。下设：医政科，科长薛和；保健科，科长唐求；材料科，副科长胡山；管理科，科长袁序。直属休养所，所长宋文静，后为朱灵、刘球。该所驻姚庄，有药房、开刀房和化验室，分内外两大科，有病床 100 多张。军医学校，校长江上峰，副校长宫乃泉（兼）。医务干部训练队，队长崔义田（兼），后为宫乃泉（兼）。

1944 年 10 月，供卫部重新分开，卫生部部长是崔义田，余无变化。

军部驻黄花塘期间，各师卫生部负责人有所变动。一师卫生部长是李振湘，二师卫生部长先后是宫乃泉、林震，三师卫生部长是吴之理，四师卫生部长先后是叶果、齐仲桓，五师卫生部长先后是栗秀真、叶果，七师卫生部长先后是黄农、李蓝炎。

此间，各师、旅仍设医院或休养所，团设卫生队，营设卫生所，连有卫生员（保健员）。

卫生保健工作

（一）卫生保健工作的组织系统

1938 年 2 月至 1945 年，军、师（支队）、旅各级卫生部（军医处）都设有保健科，团卫生队有专职保健干事或医务员，营有负责卫生保健工作的医务员，连有保健员或卫生员。

新四军的卫生保健工作，不仅有完整的卫勤组织系统，而且有广泛的群众性卫生防病组织基础，活跃在各部队的基层，无论平时战时，都发挥了重要作用。

各部队的连队等基层单位，都设有群众性的俱乐部组织。每班推选一名兼职卫生干事，连部和每排选一名卫生委员（或组长），组成卫生委员会。在行政首长和卫生部门的领导下，广泛开展群众性卫生防病活动，具体组织落实上级有关卫生防病工作的指示、要求和开展卫生运动等，负责宣传动员、开展竞赛和检查评比活动。1942 年以后，为适应频繁的反“扫荡”、反“清乡”战斗的形势和配合部队分散活动的需要，二师创造性地将班卫生干事发展成为卫生战士组织，明确其任务是：平时负责卫生防病工作，战时负有战伤救护的义务。1944 年以后，又将这一经验推广到许多部队。1945 年 5 月，苏浙军区卫生部长李振湘，在《医工简报》上曾发表过《论连队战士的组织》一文，逐步形成的群众性卫生战救组织体系，为后来的大反攻，为夺取抗日战争和解放战争的胜利作出了应有的贡献。

（二）卫生保健工作的目的任务

新四军明确规定部队卫生保健工作的目的是：实施卫生教育，学习卫生常识，进行卫生工作，养成卫生习惯；实行健康检查，早期诊疗疾病；管理传染病人，进行疾病预防工作，提高健康水平，增强部队战斗力。

新四军制定了卫生保健工作的中心任务：(1) 对全军士兵进行健康检查，矫治缺点，视察部队卫生。(2) 处理各种流行病、传染病，实行预防接种。(3) 编制卫生宣传材料，随时召集各种卫生讨论会和讲演会。(4) 招收和训练保健员，编写训练教材。(5) 编制健康检查统计表、传染病统计表、伤病员及其死亡统计表等，进行科学的统计分析，以进一步指导防治工作。

（三）卫生保健工作成绩

八年抗战中，新四军在卫生保健方面做了许多工作，归纳起来有以下几点：

1. 大力开展卫生宣传教育。编印各种刊物，向各种党报党刊投稿宣传卫生知识，举办保健员、卫生战士、炊事员卫生训练班，经常给指战员上卫生课，举办卫生展览和讲演会等。通过多种形式的卫生宣传教育，提高了部队和根据地人民的卫生常识，充分调动了群众自觉参与以防病为主的卫生运动的积极性。

2. 因地制宜搞基本卫生设施。如挖水井，保护水源；挖厕所和痰盂；增设厨房防蝇设备和推行公筷运动，以及制作行军竹水壶等。1943 年 4 月，陈毅代军长和张云逸、饶漱石、赖传珠等几位领导同志亲自签发了关于卫生防疫工作方面的《通令》。除要求遵守平时个人卫生、公共卫生条例外，又对夏令卫生应有设施作出了具体规定，要求各级军政机关切实保证执行。

3. 建立各种卫生制度。如环境卫生制度、内务卫生制度、公共卫生制度、饮水卫生制度、厨房饮食卫生制度、个人卫生制度等。

4. 经常开展以防病为中心的卫生运动。1941 年之后，卫生运动得到比较广泛的开展。平时卫生工作与卫生运动相结合，有计划地开展春、夏季卫生运动。各级军政领导都很重视。如 1945 年军部开展夏季卫生运动时，军政部门发出通知，号召创造卫生模范单位和个人，提出“不仅部队要搞好，而且必须有老百姓参加了，才算全面好”。崔义田、宫乃泉部长都亲自参加搞卫生，专门为卫生运动开了 3 次会议。卫生部还印发了 10 种套色卫生标语，促进了卫生运动的开展。

5. 重视季节性传染病和地方性传染病的预防工作。如 1943 年，二师疟疾发病率达 45% 以上，对病人主要用奎宁治疗，复发率达 26%，无法根治及控制传染源，增加了部队内部的传染机会。当时控制疟疾流行的措施主要是防蚊，要求指战员穿好衣裤，裹好绑腿，以减少蚊虫叮咬；割除驻地周围杂草，疏通阴沟，以减少蚊虫密度；有的部队夜晚用艾蒿熏蚊。军保健科开始推广使用“两用式蚊帐”（一种用夹被改制而成的蚊帐），很受指战员们欢迎。自从“两用式蚊帐”广泛使用后，不仅疟疾、下肢溃疡发病率显著下降，流行性乙型脑炎、丝虫病和黑热病也得到了预防。

6. 每年普遍进行伤寒、霍乱疫苗接种和补种牛痘。1941—1945 年，新四军各部队每年的种痘率和注射率均达 90% 左右，有效地预防了天花、霍乱和伤寒病在部队的流行。

7. 定期组织体格检查。如二师卫生部于 1942 年 3 月，由保健科长安德带领体格检查组，对全师部队做系统的体格检查。检查的重点是危害部队健康最重的常见、多发病，如肺结核、下肢溃疡、胃肠病、沙眼、中耳炎、痔疮、疝气等，并制定详细的登记表，以利于汇总和指导工作。经过半年时间，体检组足迹遍及淮南地区十几个县，行程数百里，基本上完成了对全师部队的体检任务。

8. 积极帮助地方的卫生建设，参加地方疫灾抢救，为群众防病治病。如二师卫生部帮助淮南抗日根据地政府建立、发展群众性医疗卫生组织——医学会和保健堂，为群众免费治病；举办淮南新医进修班，为地方培养医务人才；为淮南中学派去校医和生理卫生教员。再如，1944 年淮北地区脑膜炎流行，四师卫生部组织 9 个防疫队到现场进行抢救，还通过淮北行政公署对地方机关和农村提出卫生工作要求，并动员群众把屋前的厕所和猪圈一律移到屋后。至于部队为群众治病的事例就更多了。如军部驻黄花塘期间，卫生部长崔义田亲自为一名患痔疮的老百姓开刀；宫乃泉部长常为驻地患疑难杂症的老百姓精心治疗；医政科长薛和为农民产妇张淑琴用新法接生；二师直属休养所一分所为驻地蔡家港一农妇切除腹腔内数斤重的大瘤等。

9.战时参加战伤救治，平时参加门诊医疗，进行各种发病统计分析，以指导部队的预防保健工作。

由于军首长的重视和支持，大力开展卫生保健工作，威胁部队的主要传染病得到及时治疗和控制及有效的预防，提高了部队指战员的健康水平，增强了部队的战斗力，保证了抗日根据地的建设和敌后抗战的胜利。

卫生干部队伍建设

根据军首长的指示，新四军卫生干部队伍建设主要采取“两条腿走路”的办法，一方面招贤选能，广泛动员、吸收国内外有志于抗日的医学专家、教授、医护人员来新四军工作；另一方面自力更生培养医务干部。

建军初期，受叶挺军长的委托，沈其震处长作了很大努力，动员辽宁、上海、南京、长沙、武汉等地的数十名高级医护人员来新四军工作。重建军部后，陈毅代军长、刘少奇政委都先后指示过沈其震到国民党地区和上海等地与各方联系，动员高级医务人员到新四军工作。

随着部队的不断发展和根据地的不断扩大，经动员来新四军工作的专家、教授和医护人员一批又一批。其中，有代表性的如沈霁春，他是一位著名的生物学家，20 世纪 20 年代毕业于上海复旦大学生物系，曾在南京中央大学、杭州浙江大学任教。他在比利时留学期间获博士学位，回国后在上海雷氏德医学研究所任研究员。当上海地下党的同志动员他来新四军工作时，他毅然抛弃了较好的科研条件和优裕的生活待遇，于1945年6月偕同夫人丁瑛及4个孩子，携带简单的行李，通过敌人关卡，直奔解放区。渡江后，小孩用箩筐挑着，步行10余天，当他到军部所在地黄花塘时，他受到卫生部崔义田、宫乃泉两位部长的热情接待，分配他到新四军军医学校担任生理学教授。从此他穿上了灰军装，成了新四军的一员，开始了新的生活。

在众多的来新四军工作的专家学者中，有一位白求恩式的奥地利著名泌尿科、妇产科专家罗生特。1941年春天，他由沈其震从上海动员到新四军工作，陈毅和刘少奇都亲自接见他，并主持了欢迎罗生特参加新四军的大会。罗生特来到敌后抗日根据地，不辞劳苦，用精湛的医术全心全意为伤病员服务，受到军、师首长的称赞和伤病员的爱戴。他经常越过封锁线，为二、三、四师的指战员治病、做手术，为医务人员上课、传授知识和技术，提高医疗水平。1943年春，经陈毅和钱俊瑞介绍，罗生特加入了中国共产党，成为特别党员。1943年9月，陈毅请罗生特到山东去，为一一五师师长兼政委罗荣桓治疗肾脏病。罗生特愉快地接受了这项任务。从此罗生特跟随罗荣桓转战山东、东北，一直到全国解放。

建军以来，军政首长和军卫生部门的领导同志还十分重视卫生干部的培训工作。1938年5月，军部军医处在皖南岩寺镇首次举办了卫生干部轮训班，至1940年的三年中，共办了6期，毕业250人左右，为卫生组织扩编奠定了基础。1939年以后，各支队和指挥部军医处也先后办起了卫训班。

重建军部后，陈毅代军长和刘少奇政委指示，要大量培训各类卫生干部，军卫生部要创办医科大学。根据军首长的指示，军卫生部决定按三级分工培训各类卫生技术人员，充分发挥卫生机构优势。军卫生部主要培养高级医务人员，选调团卫生队长以上的领导干部深造，加强基础理论和治疗技术的训练，培训时间长短不一，归队后担任领导和技术骨干。师卫生部主要培养中级医务人员，学制为1~2年，招收部队医务人员和地方的中学程度以上的学生，毕业后担任医务员、司药、化验员、看护长、护士等。师卫生部举办过卫生队长参加的高级训练班。旅（军分区）卫生部主要培训初级卫生人员，招收的学员主要是部队卫生人员和战士中的知识青年，学制3至6个月，毕业后担任保健员、卫生员、护理员等。

1942年10月，军卫生部在淮南二师驻地大刘郢创办了第一所医学院——华中医学院，为全军培养高级卫生干部，校长沈其震（兼），副校长宫乃泉（兼），学制暂定两年，学员共40余名，都是各师抽调的有一定战伤医疗经验的卫生干部。学院的课程设置是基础与临床兼顾，除医学专业课外，政治、英语、物理、化学等课程也占一定比重。教师多为兼职，宫乃泉、吴之理、恽子强、章央芬、周国英、韦悫、张仲麟等都担任教学工作。1943年初，由于日伪对根据地疯狂“扫荡”和与国民党顽固派的摩擦，形势紧张，部队实行精简，华中医学院暂时停办。大部分学员回原单位工作，其余有组织的就地疏散。反“扫荡”作战历时月余，我根据地军民取得重大胜利，淮南地区紧张形势有所缓和。部分就地疏散的近20位同志，经组织决定，再集中起来，组成一个小型的卫生干部高级研究班，设在二师卫生部新驻地，在二师卫生部的直接领导下，继续坚持学习到1943年10月。

华中医学院的创建，虽因战争条件限制，未能如期完成学习计划，但它是我党我军于抗战期间在华中抗日根据地创办最早的一所医学院校。它为以后创建新四军军医学校（华东白求恩医学院）积累了经验。

继华中医学院之后，新四军卫生部在淮南盱眙县黄花塘附近的常庄，先后办起了医务干部轮训队和军医学校。

1944 年 4 月至 11 月，军卫生部在常庄举办医务干部轮训队，主要培训卫生队长以上干部及老医务人员，崔义田、宫乃泉两位部长先后兼任队长。轮训队下设 3 个班，有学员近百名，其中，医训班学员 40 名，药训班学员 33 名，化训班学员 29 名。曾参加过医务干部轮训队学习的一位同志回忆说：“那时华中敌后抗战正处在艰难的日子里，我们轮训班的学习条件也十分简陋，没有课本，没有讲义，全靠学习时边听边记。”

新四军军医学校，是卫生部长崔义田和副部长宫乃泉根据军首长的指示，于 1944 年 10 月开始筹建的。经过军卫生部领导和上海地下党的努力，一批学术水平较高的医学专家、教授陆续来到新四军卫生部，担任军医学校的教师。学生主要来自三个方面：一部分是报考华中建设大学医学系转入军医学校的；一部分是由部队、地方政府和江淮大学输送来的；还有一部分是根据地高中毕业生，直接报考军医学校而入学的。学员中年龄最大的 30 多岁，最小的只有 17 岁，多数来自根据地农村，少数是由上海等大城市地下党输送来的。学员入学前，于 1945 年 3 月 18 日在盱眙县新铺举行入学考试，考数学、化学、英语等科目，以了解学生的实际文化程度。根据部队编制，全校 60 名学员分成 7 个班，组成两个排，既是学习组织，也是战斗建制，从一开始就过严格的军事集体生活。

学校设在军卫生部所在地常庄。这个村庄居民不多，环境优美，四五月梨花如雪，满村飘香，沁人心脾，是一个很好的读书环境。军卫生部为学校盖了一大间草房作为教室，一排草房作为寝室。有一个不大的图书馆，馆内藏有中外医学书籍和政治文艺书籍数百本，供学员和教师借阅。这些图书大多是通过地下交通线从上海购买来的。离常庄二里路的姚庄，设有军卫生部直属休养所，是当时军卫生部医疗水平最高的直属医疗机构，计划作为军医学校的临时教学基地。

军医学校由江上峰任校长，宫乃泉兼任副校长，赵希圣任政治指导员，负责学员的政治思想工作，薛和任教育干事，负责教育行政工作。

开学之前，宫副部长根据他长期从事部队医学教育工作的丰富经验，制订了初步的教学计划，学制暂定为 4 年。1945 年 5 月 12 日（国际护士节），军医学校于常庄举行了开学典礼，军部首长饶漱石代政委和张云逸副军长，江淮大学韦悫校长，军卫生部崔义田部长和宫乃泉副部长，以及军医学校的江上峰校长和各位教授、老师均出席。首长在讲话中鼓励学员走与工农相结合的道路，在斗争中改造世界观，努力学好专业，成为部队医务工作的骨干。宫副部长在讲话中勉励学员们向南丁格尔（护士工作的创始人）学习，发扬革命人道主义精神，救死扶伤，做一个红色卫生战士。

抗日战争胜利后，这所学校随着军部和军卫生部一起北迁。1945 年 9 月迁到淮阴，11 月迁到山东，成为现山东医学院的前身。

除军卫生部办学、办班培训卫生干部外，各师、旅卫生部也举办了多期卫校和卫训班。

在当时战争环境中，开展医学教育是非常艰苦的。卫训班或卫校的房舍、教室不够用，教员和学员自己动手盖草房。学员上课时，以背包做凳，膝盖当桌。没有讲义，学员记笔记，课后互相查对、补充整理。没有教具，师生自制人体骨架、挂图等教学用具，自己养护做生理解剖试验用的狗和青蛙。

每遇日伪“扫荡”时，卫校或卫训班的师生们就要与敌人周旋，转移到哪里就在哪里上课，村庄、山林都是课堂。甚至在敌人路过的山坡上，一边监视敌人行动，一边继续上课，争取按时完成教学计划。有的训练班，在敌人“扫荡”时，学员全部下部队救治伤员，反“扫荡”胜利后，再集中学习。

在党政军首长的领导和高度重视下，新四军的各级卫生部门，就是发扬这种自力更生、艰苦奋斗的精神，克服重重困难，培养了一批又一批卫生人才。据不完全统计，1938—1945 年的 8 年中，新四军共培养出 3500 多名卫生人员，其中军部驻黄花塘两年多时间内，培养卫生人员 2800 多名，占总数的 80％以上。他们中很多同志在抗日战争、解放战争以及社会主义建设中，成为卫生战线上的领导者和技术骨干。

医疗作风建设

为了培养医务人员良好的医德、医风，军部首长和各级卫生部门的领导同志，很重视对医务人员进行医德及服务态度教育。

据担任过新四军三师卫生部长的吴之理回忆，陈毅代军长当年常对卫生部门的同志说：“卫生工作是和人、患病的人打交道，不像化学、物理是和物打交道。和人打交道，就有社会科学，就有为哪个阶级服务的问题。医学本身又是自然科学，是无阶级性的。卫生工作者的对象是人，就不能不是两者之间的桥梁。如何做一个好医生，除了技术之外，还有一个对待病人的态度问题。只有技术和态度都好，效果才会好。”他又说：“只要是一个病人，你就得认真为他看病，不管他是不是敌人。我们不是优待俘虏吗？俘虏有伤病，你好好治，也是最好的政治工作。”

1943 年，在宫乃泉负责主编的《医务生活》杂志上，刊出了作为一个医生在医德上的八项要求：(1) 态度诚恳；(2) 诊病细心；(3) 病人可以知道的事情要耐心解释，不应该知道的不要讲出；(4) 对病人讲话不要太多和太肯定；(5) 在病人面前绝不能显出愁容、急躁、马虎和愤怒，总要心平气和，令人愉快；(6) 无论是上门诊或是在病房，要穿白大衣，戴听诊器，常给病人按脉搏；(7) 合理给病人吃药，不必要时不给；(8) 多为病人的利益和痛苦着想。

在上级首长的经常教导和卫生部门领导的严格要求下，新四军医务人员的医疗作风的确是严密细致、认真负责的。如医务人员给伤病员打针、灌肠、滴鼻子、点眼和进行其他有关治疗操作时，很注意伤病员的姿势，使病人既舒服，又能得到科学的检查和治疗。发药前，倒好温开水，同药一起送给病人，做到按时服药，保证治疗效果；对烈性药物，为了防止病人不按时服用而发生意外，一定要看着病人把药服下去；等等。

医务人员还要给重病人喂饭，帮助重病人洗澡、剪指甲、洗脚、翻身、大小便，帮助女重病人梳头及做好有关生活护理。

崔义田同志在他的一篇回忆录中谈到当年新四军医疗作风时写道：“我们的医院除清洁卫生和病房管理严格之外，最主要的特点是医疗作风好。看病认真，日夜出诊，重伤员一到，全体出动，把重伤员安置好并初步诊疗后才休息。重病人一日多次诊疗，有护士为他们护理。对日本俘虏兵伤病员一视同仁，他们极受感动。”“美国著名作家史沫特莱参观了我们的医院说，新四军卫生工作是在中国共产党的领导下，是真正为伤病员服务的，真了不起，这是在中国见到的最好的军医院，我要向全世界宣传，呼吁他们来支援你们。”

广大医护工作者始终把保障指战员和根据地群众的健康，不断提高部队健康水平和战斗力放在首位，一切为了前线的胜利，一切为了伤病员。他们在十分艰苦的条件下，在敌伪顽的夹击中，以忘我的热情和大无畏的精神创造性地进行工作，与人民群众一道保护伤病员的安全，坚持为伤病员医伤治病。有不少同志为了救护战友而冲锋陷阵，出生入死，有的负伤致残，有的流尽最后一滴血，为民族解放事业献出了宝贵生命，他们不愧是中华民族的优秀儿女。

药品、器材的供应

药品、器材是医疗卫生工作的物质基础。在抗日战争年代里，由于日伪的军事包围和经济封锁，新四军整个部队处在缺医少药的情况下，药品、器材的供应是十分困难的。当时解决药品器材的办法主要有以下几种：

1. 向国内外爱国人士和红十字会救护队募捐。“皖南事变”前，军医处沈其震处长数次到大后方及上海、香港募捐。中国红十字会会长林可胜一次就拨给抗疟疾药 100 万片。宋庆龄、英国援华委员会、上海扶救社等都捐了不少药材。军医处材料科将募捐来的药材用标准箱的方式每月向一、二、三支队各团供应。

2. 到敌占区采购。“皖南事变”后，新四军处于敌后方，各师相距很远，不便统一供应，只能由各师自己派人或依靠药商到敌占区购买药材，或通过地下党关系购买。当时有条规定，凡运出根据地的物产到敌占区销售者，必须带回一些急需的药材。到敌占区买药是有风险的，每次要花不少费用来买通关系。因为药品是禁运的，万一被日本人抓住就会杀头。为此，军卫生部领导同志规定，药商买药可付给比发票价格多 100% 的药款，并可事先贷款，他们每次可赚 30%~50% 的利润。江西省六和县有一位庞牧师，是大学毕业生，一直为二师和军部买药和医学书刊。盱眙县古城有位姓邹的老乡，出身贫苦，为人忠厚，以贩卖、挣脚力钱为生。二师卫生部宫乃泉部长设法培养他去上海为新四军买药，开始买少量的急需药品，之后连重要的药品器材也能如数买回。当时上海五洲大药房的地下党同志看到这位老实的乡亲每次带来的购药单都是熟练医师开的治伤、治病的特效药和手术器械，又打听到他是从根据地来的，就主动给予帮助。一些稀缺或控制很严、禁止出境的药品器材，他都能筹办齐全。

3. 自力更生，就地取材，土法上马，解决药材来源。为了解决医疗卫生工作的急需，新四军的药材人员千方百计以土代洋地制成了各种药品器材。如把棉花、土纱布、粗白布放在锅里用水加食碱煮沸、煮透脱脂，然后晒干制成棉球、敷料和绷带。条件困难时，常常用消毒的牛皮纸代替敷料。没有胶布，自制胶纸代替。用竹片、木片做各式夹板。用粗布和炒熟的石膏粉制成石膏绷带。治疥疮的硫黄膏靠自己配制，没有凡士林作佐剂，就用猪油和白蜡熔化混合代替凡士林。又如治疗肺结核病人，没有链霉素、雷米封那样的特效药，连鱼肝油、乳酸钙等辅助药也没有，药材人员就用鸡蛋壳、鸭蛋壳洗净烘干碾成粉末代替钙片给病人服用。

为了保证部队的药材供应，当时还办起了制药厂。1941 年，陈毅代军长指派军卫生部沈其震部长赴上海物色筹建制药厂的人才。应沈部长邀请，中法大学医学科的恽子强教授和阮学珂助教来到了苏北根据地。1943 年，军卫生部于淮南大刘郢开办了华中制药厂，恽子强任厂长，阮学珂任副厂长，该厂制出了各类片剂、酊剂、膏类药品，及时支援了前线。

除军卫生部直接办厂外，各师、旅卫生部也相继办起了小制药厂。

如二师卫生部的制药厂是1942年筹建的，筹建小组由宫乃泉部长亲自领导，具体工作由马俊（上海地下党输送给解放区的药剂师）和陈岱负责，厂址在大刘郢附近的大河家。以3间民房为生产车间，主要设备是从上海买来的一台手摇打片机（后来增添到3台），自己动手制造的干燥箱，制作原料主要靠根据地内部解决。工作人员凭着从上海买来的三本书——《制药学》（英文版）、《日用化工手册》、《英汉字典》为工具，认真学习，边学边干，自己研制成功了生产片剂的胶粉黏合剂，以酒药为原料生产酵母片，自制蒸馏器，生产蒸馏水，配成生理盐水和葡萄糖盐水、奴佛卡因等注射液。此外，更多地生产了各种酊剂，如麻黄酊、鸦片酊、远志酊、陈皮酊和桔梗酊，基本上满足了内科病人治疗的需要。

药材人员很珍惜来之不易的药材，他们妥善保管，节约使用。军、师、旅材料科（股），设有药材仓库或临时小库房集中保管。在敌情紧张时，他们想出许多办法进行分散保管，不让药材受损失。如用木箱装好药材埋进土里，外面伪装成一座坟墓，或把药材装入空棺材里埋入地下；依靠群众把药品分散在柴堆里、夹墙里；驻山区的部队多把药材藏在山洞里；驻在水乡的部队，用船装上药材在偏僻的河道、芦荡里隐匿；等等。为了节约，伤员换下来的敷料甚至棉球总是洗净消毒再用；用钝了的手术刀片和注射针头磨了再用；橡皮手套补了又补。一次夜行军，有位同志背的一铁盒奎宁（有1000粒），在过独木桥时不慎落入河中，指导员知道了，不顾天寒水深，纵身跳入河里，终于把那宝贵的一盒奎宁捞了上来。

在抗日民族解放战争中，药材工作人员历尽千辛万苦，保障了部队卫生工作的药材供应，为祖国为人民作出了可贵的贡献。

编印出版医务报刊和书籍

为了解决医务人员提高业务水平所需的学习材料，及时交流部队卫生工作经验，指导并推动部队的卫生工作，抗战期间，新四军卫生部门因陋就简地编印出版了医务报刊和书籍。军部军医处编印过《卫生季刊》和《大众卫生报》，军卫生部出版过《健康报》，一师卫生部办过《医工简报》，二师卫生部办过卫生刊物《医务生活》(后为军卫生部办)，三师卫生部办过医刊《先锋医务》等。军部和二师卫生部编译出版过《人体解剖学图谱》《生理知识》《急救学》《革命工作与卫生修养》《英勇救护员》等书籍。

《医务生活》是闻名全军的医务杂志，1941 年 11 月在新四军二师卫生部所在地大柳营创办。初期的《医务生活》是 8 开 4 版用蜡纸刻写的油印小报，每月一期。刊头由宫乃泉部长亲自题写，用红色套印。为了提高编印质量，宫乃泉、李波、刘球、江守默、胡田成、余中石等编辑、印刷和发行人员，在一间不足 4 平方米的茅屋里，熬过无数不眠之夜。由于版面容量太小，发行量不断增加，从第三期起改为 4 开 4 版的半月刊形式，一直出到第十二期。从第十三期起，改成 32 开书本形式，并于 1944 年由油印改为铅印，一直坚持到 1948 年。《医务生活》作为一份指导部队和地方卫生工作的专业刊物，一开始就得到了军师首长们的重视和鼓励。陈毅、张云逸、谭震林、张爱萍等领导同志都先后为刊物题过词。该刊先后出版 38 期，内容有 6 大类：(1) 以战伤为主兼顾常见病的学术论文；(2) 部队卫生工作报道；(3) 战地救护、医疗护理、连队卫生保健和经验介绍；(4) 文化科学知识讲座；(5) 医学史和科学界名人介绍；(6) 卫生文艺。宫乃泉部长一直有计划地为《医务生活》撰写战伤治疗和疾病防治专论，崔义田部长和吴之理、章央芬等专家、教授也经常发表临床医学方面的文章，供前后方部队医务人员业务学习。《医务生活》随着部队的调整而几经变化，1941 年至 1943 年，是新四军二师卫生部机关刊物；1944 年至 1945 年，宫乃泉调任新四军卫生部副部长，《医务生活》也改成了军卫生部的机关刊物；1946 年至 1948 年，新四军整编为华东军区，《医务生活》又成了华东军区卫生部的机关刊物。刊物的发行量也随着影响的不断扩大而直线上升，创刊号发行不到 100 份，后来发行遍及新四军各师及延安、晋察冀、冀鲁豫等根据地，到 1948 年已达 89000 册。长期以来，这份刊物对促进部队卫生工作跟上时代步伐，胜利完成革命战争所赋予的光荣而艰巨的重任，作出了一定的贡献。

“红十字”飘扬在华中战场

华中，北枕陇海铁路，南跨长江三角洲，西起汉水，东濒黄海、东海，历来是兵家必争之地。抗战时期，新四军坚持华中敌后抗战，将士们纵横驰骋江淮河汉，成为插向华中日军的一把尖刀。一场场生死硬仗、一次次浴血奋战中，医疗卫生工作者发挥“生命线”保障作用，为抗战胜利作出重要贡献。据淮北抗日根据地不完全统计，他们救治伤员 4081 人，伤病员治愈归队率达 93.3%，残废与遣散安置率为 4.3%，死亡率仅为 2.4%。

“这是世界上少见的伤兵医院”

新四军组建后，军政首长一直重视部队的卫生工作。1938 年 3 月下旬，新四军军部奉命移驻皖南云岭。由于战争中部队伤亡大，新四军先后

资料来源：节选自李玉银，杨筱筠．“红十字”飘扬在华中战场（上）[J]. 解放军健康，2021（2）：40-43；李玉银，杨筱筠．“红十字”飘扬在华中战场（下）[J]. 解放军健康，2021（3）：40-43.

在泾县云岭南堡村设前方医院、在太平县小河口设后方医院，这两所相隔 30 公里的医院，分别设置 170 张床位和 200 张床位。时任小河口医院的政治指导员洪德铭回忆：小河口医院是当时整个新四军中较大的一所医院，有 100 多名工作人员，最多时收治 800 多名伤病员。

建院初期，村后一座庙宇作病房，沿河岸边地主一栋瓦房作为军医处和医院全体人员的宿舍兼办公室，阁楼作药材仓库。医护人员们把庙宇打扫得干干净净，墙壁刷上石灰粉，既消毒又光亮。中间屋里按顺序排列着用门板竹床架起的床位，床上铺上白色床单被子，一个病人一张床。没有床头柜和椅子，就捡砖头垒，用石灰刷一下；没有痰盂，就用 3 块砖对起，放点灰，简朴整齐。一侧厢房用白布做成帷幕，布置成医护工作间。后面有 3 间小屋，分配作为女病房。

离病房约 200 米远有一座不大的庙宇，略加修整，四壁围以白布，顶部用白布覆成天幔，作为手术室。没有无影灯就用汽油灯、手电筒代替。后来，医院通过关系搞到一台显微镜、一台 X 光机、一部发电机和一些化验器皿、用具，化验室、药房和手术室的条件从此得到改善。当时，医护人员大多来自中央高级护校、中央医院、长沙仁术医院以及上海、南京、沈阳、武汉等地，他们将城市医院正规化与敌后战争特点相结合，完全实施制度化与科学化管理，设有营养室给重病人特别营养饮食，建有淋浴室及灭虱室；先后建立病历和医疗护理常规制度，如医疗护理记录、重伤重病特别措施、查房制度和病房管理制度。医院还设有图书馆，馆里藏有英、美、德、日等国医学参考图书和中外医学杂志，供医生了解医学最新成果。

随着部队不断发展壮大、战斗越来越残酷，医院收容量远远不能满足需要，医院就地取材盖起新病房。新病房梁柱用粗毛竹，墙壁用竹子所编，外墙以泥糊，粉上白灰，室内粉上石灰，竹编的门窗糊以白纸，屋顶盖上稻草，病房中间还有走廊，走廊两头是出入通路。可容 100 张床位的病房内，阳光充足，空气新鲜，一眼望去，分外整洁。一些医疗器具和生活用具，如装药的盒子、发药的瓶子、换药的镊子、盛药的橱柜以及抬伤病员的担架等，都是竹子做的。上级领导和地方群众都称它为“竹子医院”。

医护人员分工协作、认真负责，对伤病员的照顾体贴周到。护士既承担医疗工作，还尽心为重伤员喂饭、处理大小便。为美化病房环境、愉悦病人心情，用竹筒做花瓶插野花放在病房，增添情趣。病床上挂着一叠叠识字卡片，每张卡片上有 5 个方块字，不识字的人每天要识 5 个字，识字的人供给书籍报纸。指导员或政治干事常坐在不会写作的病人床边，记录他们的战斗经验、批评建议、生活感想，或诗或歌，作为墙报稿件。为调节医生和病人的紧张精神，医院还举办各种文化娱乐活动，活跃医院气氛。时任小河口医院医生的唐求说：“美国进步作家史沫特莱参观我们医院，她非常激动，赞叹不已。她说她到过许多国家，参观过很多陆军医院，从来没有看见过这样正规的医院。这是世界上少见的伤兵医院……”

皖南 3 年中，前后方医院收治病人 6000 余名，治愈好转的占 82.9%，3 年手术 1443 人，成为办军医院的榜样，对后来军队医院建设产生深远影响。

抗日烽火中的“卫生学校”

抗战时期，中国医药资源贫乏。当时全国登记的医生只有 10000 人，新四军医护人员更是缺乏。新四军各级卫生部门发扬自力更生、艰苦奋斗精神，建立了一支经过训练、素质较高的医务技术干部队伍。1939 年 9 月，党中央为开辟发展抗日根据地，坚持敌后斗争，决定成立江北指挥部。新四军军医处医务主任宫乃泉率领 20 多名医务干部渡江，到达北岸安徽庐江县东汤池，随即成立了江北指挥部军医处并建立医院。为解决医务工作者紧缺局面，宫乃泉决定开办卫生人员训练班。经过紧张筹划，1939 年 11 月，第一期卫生员训练班开课。学员由各部队抽调，分 6 个班，每期 6 个月。宫乃泉亲自制订教学计划，自编自印讲义并亲自任教，课程有内科学、外科学、生理解剖学、护病学、药物学等。学员热情很高，但因年龄和文化水平相差大，对基础医学知识的学习很吃力。为使学员对人体解剖有清楚的认知，他们在部队帮助下找到一具尸体，宫乃泉决定上人体解剖课。

在大堂屋中间放一张桌子当作解剖台，尸体用洁白床单覆盖，旁边另一张桌上摆着一排排空标本瓶。没有电灯，一盏煤气灯高悬在解剖台上。各处来的医生、护士、卫生员和培训班学员整齐坐好，气氛严肃。战火中这次解剖课，震撼了全体学员。

在残酷的作战环境中，多数培训班没有这样的教学条件，只能因地因时制宜。新四军第三师卫生学校设在苏北盐阜地区一个叫四家陈的小村子里，学员共有 3 个排，每排 3 个班，每班 10 名学员左右。全校只有 3 位教员，都比较年轻。这座新办的学校条件较差，一没课本二没课桌，90 多名学员挤在一间土房里听课，每个学员的膝盖就是自己天然的课桌。半年时间，他们学完生理卫生、内外科常见病、药物学、外伤急救等 5 门课程。学员学制虽短，但都有基础，经过系统学习，大多数成为部队医疗骨干。

新四军第七师的卫校当时设在无为县严家桥，1942 年 10 月这期学员共有 60 余人，来自七师的各个部队，10 个学员为一班，以班为单位分住在老百姓家中。没有教室，上课时集中在一间大堂屋里。中间放块门板当黑板，学员坐在背包上。课程很广，有医学基础、生理解剖、内外科、药物学等。尽管学习条件艰苦，学员文化低、学习吃力，但大家明白，战争年代学习机会来之不易。他们上课聚精会神，认真听讲、做笔记，每天早晨起床号未吹，就早已起床学习了。学员左双山回忆说："我就是从那时起第一次知道人体有 206 块骨头和 12 对脑神经。学习很紧张，生活很艰苦，睡的是地铺，吃的是几分钱菜金的伙食，但我们学到了不少革命道理和战地救护知识。"

1942 年 10 月，新四军在淮南根据地来安县大刘郢创办了华中医学院，它是华中抗日根据地最早的一所培养高中级卫生干部的新型医学院。华中医学院教学计划体现理论与战争实际相结合的原则，学制定为一年半。学员来自军部与各师选送的技术骨干和优秀医务干部，他们政治素质好，学习积极热情，具有高度自觉性。华中医学院创建虽为时甚短，但它是我军在华中根据地创办最早的一所医学院校，标志着新四军医学教育从初级的普及阶段逐步迈向中高级阶段。

新四军卫生部先后创办了华中卫生学校、华中医学院、新四军军医学校。到抗战胜利时卫生队伍近万人，较好地保证了新四军和人民群众的健康。

"卫生工作也是战斗力"

集体生活是军队生活的一大特点，作战频繁、生活条件较差时，一旦卫生管理不善，极易引发传染病流行，影响指战员的健康，造成部队非战斗减员。新四军指战员多来自农村，文化程度低，卫生防病知识缺乏，又长期处于崇山峻岭、穷乡僻壤的环境中，卫生条件差，防病工作尤显重要。

新四军成立之初采取预防、保健工作优先的思路，军部军医处提出了防疫重于治疗的新观点。后虽几经领导变动，但这一思路没有改变。新四军制定了详细的个人卫生制度：要求战士每周洗澡一次，每月10号要理发剪指甲，每星期都要进行衣服、鞋帽、包袱的卫生情况检查，三日一洗座椅用具，三日一晒衣服被褥。行军前强调穿好鞋袜，防止打泡；到达宿营地督促烧热水洗脚；淋雨后组织大家喝姜汤；夏天注意防蚊，冬天加强查铺；不喝生水，不吃腐烂瓜果。在物资贫乏情况下，部队想方设法给指战员配发毛巾、肥皂、牙刷、牙粉、口杯和雨具。发起使用公筷运动，军部和警卫排推广分菜制度。

当时普遍存在随地大小便陋习。部队要求每班挖掘坑厕，要求厕所须建于偏僻处，距离营房50米以外；凡挖粪（沟）式厕所，便后须掩盖，每日轮流值日打扫干净，粪便土灰聚集作肥料，防止苍蝇飞集生蛆。有传染病者，另设隔离厕所，须用石灰掩盖，不用时必须封埋。

隔离是防止传染病传播的有效手段。医护人员对传染病患者实施严密隔离，传染病人须经过多次检查才能出院，凡患者接触过的东西，要予以隔离并严格消毒、掩埋或焚烧，其隔离期间所用被褥用具，须以蒸熏、浸煮等进行消毒。1944年4月，第四师第九旅32团发现腮腺炎病人，当即采取严格的隔离措施，停止一切集体活动，没有发生大规模传染。

1945年春，淮北根据地泗宿县暴发流行性脑脊髓膜炎，淮泗县流行回归热。第四师卫生部立即组织医疗防疫队，到达泗宿县马厂等地抢救。淮北卫生学校停课，以新老学员搭配组成8个医疗队，迅速分赴各地抢救。经过紧张工作，很快扑灭疫情。抢救医治疫区病人 6135 人，为群众接种牛痘 8148 人。淮北人民称赞新四军医务人员“华佗早逝世，如今又复生”。

疫苗注射是预防传染病发生的重要措施。在卫生资源极度匮乏情况下，新四军通过开源节流、多方争取，为战士和驻地百姓进行疫苗注射。1941—1945 年，各部队每年种痘率和预防注射率达 90%，有效预防了天花、霍乱和伤寒在部队的流行。曾在华中军医学校学习的胡介堂回忆说：当年农村“生活比较艰苦，卫生条件较差。我们在课余时间向老乡宣传简单的卫生常识，如不喝生水，不吃腐败的食物，拔除房前屋后的杂草，搞好环境卫生等。夏天蚊蝇多，没有杀虫药，拔些艾草晒干烟熏、驱蚊。由于保持池塘饮水卫生，因而从没有发生过一例急性胃肠炎”。

新四军以各种形式宣传卫生防病知识，动员群众自觉与迷信、不卫生习惯斗争。第三师的文艺工作者阮雄根据卫生条例，创作歌曲《个人卫生要做好》，通俗易懂、朗朗上口，对促进军地卫生习惯改善起到重要作用。

芦苇荡里上演“沙家浜”

家喻户晓的现代京剧《沙家浜》取材于常熟地区的真实革命故事：在阳澄湖上依靠当地党组织和人民群众掩护帮助，新四军伤病员不但陆续地恢复了身体健康，和当地群众结下鱼水深情，而且以新四军伤病员为骨干，成立江抗东路司令部（新江抗），坚持与日寇顽敌斗争。其实，何止一个阳澄湖！在全国各根据地至今都流传着抗日英豪勇斗顽敌的故事。溧水的石臼湖上，就有一出溧水版的“沙家浜”。

1943年4月，新四军六师十六旅在溧水、溧阳一带进行了历史上有名的“苏南反顽战役”。经过3天3夜的浴血奋战，战役取得了重大胜利，我军伤亡300多人。缪清当时是十六旅卫生部卫生员，只有16岁的她临危受命，带着7位不能随大部队转移的重伤员隐蔽在石臼湖上。缪清在一条小船上护理着7个重伤员，白天只能躲在狭窄的船舱里，等晚上敌人回据点后，才能到船板上透透气。作为卫生员，缪清每天都要给伤员清洗伤口、更换药物、消毒器械、换洗纱布。即便是在条件极其简陋的船上，缪清也是严格按照护理要求，一丝不苟地认真操作。换下的纱布、用过的器械，先用湖水清洗干净，然后放到锅上蒸煮。

有时，日伪军下湖“扫荡”，为防止被敌人发现，只能等到晚上敌人走了，缪清才抓紧时间连夜一锅锅进行消毒处理。每次换药，为减轻伤员痛苦，缪清总是一边用语言安慰和鼓励伤病员，一边小心翼翼打开纱布，用盐水或酒精给伤口消毒，涂抹消炎药品，更换新的纱布。由于缪清精心护理，在异常恶劣的环境条件下，没有一位伤员伤情恶化。

一个多月的水上漂泊，吃喝拉撒全在船上，还要躲避鬼子的巡逻艇。每次听到巡逻艇的马达声，他们就赶紧将船摇到芦苇荡深处，悄悄隐蔽起来，不能有任何声响，更不能生火做饭，所以，一饿一天是常有的事。

16岁的缪清，个子不足一米五，看上去像个孩子，很不引人注意。因此，每次有上岸买粮任务她都积极请命，她甚至去鬼子占领的溧水城药店购买药品。她胆大机警，每次都能顺利完成任务，确保了伤员治疗与生活急需。

1945年春天，抗日战争大反攻前夕。新四军第十八旅在三垛公路打伏击战，旅医疗所100多名伤员与部队失去联系。紧急时刻，李蓝丁当即决定把伤员暂时分散隐蔽在老乡家里。敌人每天派部队逐户清剿搜捕，找不到伤员就放火烧房，烧毁大片正待收割的小麦。形势越来越严峻，李蓝丁决定把伤员全部撤到绿荡湖上，安置在渔民船上，在水上和敌人玩“捉迷藏”。

湖水微波荡漾，芦苇随风摇曳，水上斗争开始了。每艘渔船负责护理一两名伤员。为避开敌人搜捕，渔民们一天到晚划着小船在湖上游荡。

敌人发现端倪，加大了水上清剿力度，先是开动汽艇四处追袭。但湖中芦苇丛生，水位深浅不一，敌船不是被芦苇所阻，就是在沙滩搁浅。渔民娴熟驾驶小船在芦苇丛中穿梭自如，敌人很难找到。敌人恼羞成怒，在岸上架起机枪，漫无目标地朝着芦苇丛扫射。

李蓝丁把卫生所工作人员全部隐蔽在村里，只带2个女医务人员化装成村妇，随她坚持水上斗争。每天，她们3人各自驾着自己的单人小船，到各渔船上去给伤员治疗、换药。起初夜间还可以上岸弄点吃的，后来，敌人封锁湖岸，断绝和村子的联系，更艰苦的生活开始了。伤员和渔民们在一起，没有粮食，就以鱼虾充饥。没有油盐烧柴，就生吃食物。李蓝丁单独活动，有时连生鱼生虾也不能吃到，饥饿难忍时，她经常以芦草根充饥，一天天消瘦下去。但她乐观地鼓励大家：“只要咱们不怕困难，坚持下去，和组织取得联系，就是胜利！”20天过去了，敌人的“扫荡”被粉碎。李蓝丁的卫生所和旅部取得联系，返回部队。大部分伤员在此期间恢复健康，重新走向硝烟弥漫的抗日战场。

“卫生员就是战士生命的保护神”

战争时期做好一线战场救治工作，是挽救伤员生命、保证部队战斗力的重要一环。作战时，连卫生员随连队行动，哪里有伤员就到哪里去抢救。

他们不怕流血牺牲，冒着敌人的炮火，机智果敢地抢救每个伤员。

张一飞是第三旅八团的卫生队长，他常对卫生员们说：“白衣战士就是战士生命的保护神！”他强调，做好战地救护工作，单有勇敢不怕死是不够的，更要有娴熟的野战救护技术。一次演练战场救护中，一个卫生员不顾敌人“机枪扫射”，勇敢冲向前方抢救伤员，突然被张队长叫停，卫生员愣在那里不知错在哪里。“你为抢救伤员不怕牺牲的精神是可贵的，但你忽视了重要的一点，你的前方是敌人密集的枪弹，而你只顾着往前冲，不注意隐蔽自己。你应当匍匐前进，尽可能地利用地形地物隐蔽自己，才可能到达伤员面前实施救护。”

“那个时候担架上不去，只能靠背。”新四军第三师七旅二十一团卫生队战士马益德说。他的职责是抢救伤员，把伤员从前线背下来，转向后方医院接受救治。他跟着战士们一起冲锋陷阵，看到有战士受伤倒下，他就匍匐爬到战士身边，在同志们的掩护下，背起受伤的战士就往后方跑。

1944 年的秋天，马益德所在部队攻打在江苏扶林县被日军占领了几年的据点，冲锋时有同志喊冲锋口号：“大家冲啊！有救死扶伤的卫生员给我们保驾啊！”这句话激励着战士们，也震撼着马益德，让他意识到卫生员的重要性。

1938 年 5 月 12 日，新四军第四支队第九团在巢县蒋家河口打伏击战。卫生队队长汪浩带领 10 多名医护人员组成的卫生队，随部队一同前进。按预定计划部队分布 3 处设伏，卫生队分成 3 个小组，紧随部队准备救治伤员。仅仅 20 多分钟就全歼了这股鬼子兵，20 多具尸体横七竖八地倒在河岸边，而我军无一伤亡。有个负伤的鬼子疼得“哇哇”乱叫，汪浩本着人道主义精神，给了他一片止疼药，可他怕被毒死并未接受。

卫生员也是战斗员。1942 年冬天的一次战斗中，新四军的战地卫生员赵忆远随队救护。看到机枪班班长王荣中弹倒地，他冒着枪林弹雨赶到王班长身边。看到战友牺牲，赵忆远急了，端起班长的机枪就扣动了扳机，把仇恨的子弹射向敌人，直到战斗结束才感到腿部中弹负伤。

1943 年 11 月，奉化东西岙战斗打得激烈。在炮火中，18 岁的宋丹辉背着药箱跑前跑后，见到伤员就包扎抢救。被子弹击中后，他简单包扎后再次冲入阵地，将伤势过重的战士背离火线至隐蔽处，直至战斗结束。在总结大会上，他被浙东纵队司令部何克希司令员称赞为“革命的‘南丁格尔’”。

战地卫生员左双山参加了庐江大小马槽战斗，经过一天激战后，部队撤走，几十名重伤员来不及撤离。部队首长命令左双山带领两名卫生员隐蔽于附近山区抢救这批重伤员。在群众帮助下，左双山把这些伤员分散在老百姓家或藏在山洞里，每天晚上上山为他们换药，避免暴露目标。他们克服困难，想方设法为伤病员治疗。没有药材，就化装成老百姓上山采药；没有药水，就用盐水代替；没有药棉，就把棉衣拆了，把棉花放在开水里煮沸晾干后代替药棉；没有手术锯，就用老百姓家的木锯代替。凭着在部队卫校学到的一点医学知识，他们硬是把几十名伤员治愈归队。

新四军第三师苏北卫生学校

苏北卫生学校共办了三期，第一期于 1941 年冬，当时的卫生部长兼校长是张化一，卫生学校由我①（任副校长）和杨光来筹备，筹备完成即由教务主任程怡（程凤琴）主持日常具体工作。这期学员有 100 余人，多是三师所属部队的老卫生员，也招收了一些地方知识青年。校址在阜宁县大陈庄，学习时间 10 个月。

1943 年 6 月，军部派吴之理任三师卫生部长。吴部长非常重视对卫生干部的培训，及时提出继续办卫校。在他亲自领导下，组织了第二期卫校，校址设在戚河。任务、校址定下来了，但是一无经费，二无校舍，只能白手起家，靠领导和同志们的艰苦努力、通力协作和根据地老乡们的大力支持。新来的部分学生也出了很大的力。当时招收了 200 多名学生，有部队调来的，有从地方招来的初中生，文化程度参差不齐，但大家的积极性都

资料来源：曹维礼．三师苏北卫生学校[M]//陆军第三十九集团军编．新四军第三师卫生史．沈阳：白山出版社，1996：135-138.

① 本文是曹维礼撰写的回忆录。

很高。着手搞宿舍，当时宿舍就是由老乡腾出一些过道或堆东西的房子，或喂牲口的地方，打扫干净在地上铺上稻草就是同学们的宿舍。苏北群众很贫困，条件实在差，同学们住得很分散，几乎村子前后都有学生的宿舍。同志们都以跟着共产党打败日本鬼子的高昂情绪，克服生活上的困难。

学生有了住处，但是没有教室是不行的。晴天可以在老乡的晒场上上课，刮风下雨就不行了。因此，动员全体员工和学生动手，用树干支起房架子，盖上芦苇、稻草，建成一个能容纳200多人的大教室。盖得不错，既是课堂又是礼堂，也是饭厅，这样，学生的硬件总算有了初步着落。学生除了文化程度参差不齐外，年龄也都是大小不等，小的只有15岁，大的20岁以上，这样使生活和教学都存在一定的困难。我们发扬红军的优良传统，锻炼自己和教育学生吃苦耐劳，互相帮助，与困难作斗争，顽强地生活、工作和学习。

学习中除了宿舍、教室困难外，吃饭也是一个大难题。虽然是吃公粮，但是都要工作人员和学员自己到碾粮处背或用独轮车推回来，吃的一般是玉米面或白薯干，有时也有面粉和白米。吃的菜多是萝卜、韭菜、青菜，有时吃到些豆腐，大家就很高兴。如遇到过节还能吃些肉，那更是一顿美餐了。

关于学习方面：学校组织和部队一样，编成班、排、连。二期卫校设有3个排，一排长胡庭祯，二排长赵兴珠，三排长李会岭。当时分班是根据驻地情况定的，这样便于领导和管理，所以1个排不一定都设3个班。

第二期一共办了8个月，学习内容有解剖学、生理学、外科学，特别着重战伤外科和战地救护、内科学、卫生学、药物学和临床护理，当然还有政治课。

从吴部长起，学校各位领导都要担负讲课、写教材的任务，偶尔也发些油印的讲义。学生以听课为主，辅以讨论、自学、互学。教员轮流到班排进行辅导和解答问题。

学习的教具，如骨骼标本都是到荒野地方去挖掘，生理解剖的图和各科讲义的提纲都是负责讲课的教师自己编绘的，其他有关标本也是自制的，例如急救用的各种夹板和各式各样的附木等。卫生部还为学校配备了 1 台显微镜，以及各种通用的药物标本，这样在教学中有利于加强学生的感性知识。

在讲内外科各种疾病时，有时请伤病员或生病的老乡到课堂来，由他们报告病状，然后由学生诊断，最后由教师给予正确的答案。或者带学员到病房去观察病人，先由学员作出初步诊断，然后由教师给予解答。也有时带学员到病室给病人做护理，以加强对病伤的认识，增进医务人员和伤病员之间的阶级友爱感情。这样，既提高了学员学习成绩，又能鼓励战士配合治疗，早日康复，重返抗日前线。

经过 8 个月的学习，学生们于 1944 年 2 月毕业，经组织上分配，有的到前线各团队，有的到后方医院、休养所或机关医务室，有少部分留校作为卫校第三期的骨干。

卫校第二期结业后，经过短期的整顿，总结工作经验，立即着手筹办第三期。

第三期于 1945 年 3 月开学，因为有了前两期教学、管理等各方面经验，又有骨干，工作进展得比较顺利。这期学员有 200 多人。我们把大课堂重新修理加固，其余学习生活情况和第二期大同小异。1945 年 8 月 15 日，日本投降的消息传来，大家万分高兴。9 月，我们把同学分成了两个大组。在毕业典礼中，领导勉励同学把学到的技术、思想带到工作岗位上去。于是，一部分同学即随军北上，去东北前线；另一部分留在苏北，参加根据地的建设。分别时，大家都依依不舍，连对住过的宿舍，亲手盖的大课堂都十分留恋。

卫校第二期和第三期的校长均是吴之理兼任，我仍为副校长，高良为教育长，马容方和徐肇元是专职教员，徐云是文化教员，王责之是政治指导员。此外，还有文书、会计、生活管理员。

三师卫校，当时也叫苏北卫校。这三期都是处于战争环境之中，虽然学校是在敌人后方，但是随时都有可能遇到敌人袭击；而且经常有前线负伤的指战员到后方，学校要立即投入力量配合医疗单位进行抢救。因此，可以说，我们是在战火纷飞中生存着。在这种环境下培养、教育学生，真是教之不易，学生学得也很艰难。当时能完成上级交给我们的任务，那完全是党的领导，各级组织的重视，尤其是我们的校长吴之理部长无微不至地关心学校，也很关心我们这些部下。我们的教育长高良，在部队中有丰富的工作经验，兢兢业业、任劳任怨地工作，无论是教育计划、教学安排，还是学生的实习，他都起到了主导作用。我们的专职教员马容方和徐肇元，更是埋头苦干，无论分内分外工作都积极地完成。其他许多兼职教员就不一一说了。总之，大家能团结一致，克服困难，不分彼此来完成教学任务。

在同学中也有许多动人的故事。如有的同学背着生病的同学去看病，替同学到河边洗衣服、补习功课。运粮时有的同学背不动、推不走，身体较好的同学就抢着多背多推。有的同学走崎岖山路运粮时，草鞋破了，鞋绳断了不能穿，其他同学就把自己的鞋脱下来给没鞋的同学穿上，而自己却赤着脚推粮。

新中国成立后，有许多同学经过深造，到全国各大专院校学习或在各自的工作岗位上做了许多有益于人民的工作。

常庄新四军军医学校琐忆

新四军军医学校也称华中军医学校，是中共中央华中局和新四军军部驻盱眙县黄花塘期间创办的，1945 年 5 月 12 日正式开学，学校设在距黄花塘不远的常庄。我们这些军医学校的第一届学员情不自禁聚集在一起，畅谈起令人难忘的往事。

紧张的战地学习

新盖的一大间草房是我们的教室，黑板的上端贴着毛泽东和朱德的画像，两旁一副醒目的对联：共产党是我们的太阳，毛泽东是我们的方向。墙壁上的标语：养成团结、紧张、活泼、严肃的作风；以战斗精神学习，学习不忘备战；建立有组织有纪律的生活，保证学习；学习医务不忘学习

资料来源：胡介堂，石井元，胥慕明．常庄新四军军医学校琐忆 [M] // 中共淮安市委党史工作办公室，淮安市新四军历史研究会．黄花塘新四军军部史论选．北京：中共党史出版社，2012：79-84.

政治，学习政治不放松学习医务，两者要兼顾。后面墙壁贴的是：医德至高，医道神圣。

这是战地医学院校，不同于一般的医科大学。“急救学”是我们的医学启蒙课，第一堂课是宫乃泉老师（当时是新四军卫生部副部长兼军医学校副校长）讲授，他简单地讲急救学在当前备战的重要意义，掌握急救技术就能随时为战争服务。那时没有书，也没有练习本，每人发一大张白报纸，自行裁订成册，听课做笔记，还发一张急救图（葛圣勤秘书绘刻的，清晰准确）。宫部长（大家都这样称呼他）讲课理论联系实际，讲得生动具体，讲到不易理解之处，还多讲几遍；一副东北口音，吐字清楚易懂，记笔记并不困难；课堂纪律很严，不许东张西望或交头接耳，要求注意听讲并记好笔记，把黑板上医学英语专业名词抄下来记熟能背出。他治学严谨，反对游击习气，一次坐在后排的一位同学，因天气太热赤膊听课，他很生气，拿起书本就走了。这时吓得那位赤膊的同学赶快穿上衣服，涨红了脸，低着头在位置上坐好，黄宗欧排长这才敢去请宫部长再来讲课。此后，课堂秩序井然，谁也不敢马虎。

结合急救学的教学，由教育干事薛和老师讲“绷带学”，每人有1~8页绷带图（这是《医务生活》杂志编辑胡田成精心刻印的，两份油印图解，胡介堂至今仍完好保存）。薛老师为我们实际操作演示绷带的使用，一遍又一遍耐心示教。宫部长常来指导，并指示不合格的要反复重新练习，直到合乎要求为止。他再三叮嘱：“止血不彻底、包扎不合格会增加病人的痛苦，延误愈合，影响上前线，我们就对不起他们。”就这样，我们时时刻刻受到伤员观点和革命人道主义的教育。

学习人体课，各班分发一本《人体知识》科普译著自行阅读，宫部长出了不少讨论题，如：“人体有哪些方面像机器？哪些不像？”“你过去对人体（你自己的身体）所知道的知识有多少？疑问有多少？特别是你感觉最有兴趣和神秘的是什么？”“请回忆你家族里死的人，都在何年龄？死于什么病？”“怎样算健康？”等，这些启发性强的联系实际的问题，对我们初次接触医学的青年学生来说引起了浓厚的兴趣，激发起强烈的求知欲。

同学们大部分是从苏北根据地城镇、农村来的，另一小部分是江淮大学和建设大学由上海地下党输送来的。大家是满怀打败日本侵略者的决心，抱着满腔爱国热情来参加学习的。医学基础开的课有：江上峰校长（美国哈佛大学医学博士，热带病学专家）讲授细菌学，沈霁春教授（比利时冈特大学生理学博士）讲授生理学，邢其毅教授（德国留学化学博士）和严真教员讲授有机化学，苏醒教员讲授解剖学，钱静教员讲授组织学，等等。图书室发给每班两本厚厚的硬皮封面参考书，如《格氏解剖学》《秦氏细菌学》《哈氏生理学》等，这些书都是通过地下党和商人穿过敌人封锁线买来的，同学们都知来之不易倍加爱护。上课以记笔记为主，同学中少数读过大学一年级，多数是高中文化程度，对课程理解与吸收水平不一，记笔记的能力有高低，再加上听老师地方口音不习惯等因素，教育干事和学习委员常与教师联系，改进教学并组织我们成立学习互助组，做课后校对笔记，纠偏补漏，同时讨论加深理解。在实验课中，基本上能够满足需要，如人体完整的骨骼标本、足够的显微镜、组织学切片、学习细菌学等需用的分析天平、化学试剂等，及生理学实验器材。每次上课，同学们按照老师要求认真听讲，细心观察，努力完成作业（胡介堂仍保存组织学实验课的多幅绘图及解剖图）。由于学习主动、刻苦，又举办过学习经验交流会等，故每次考试成绩良好，没有一个人考试不及格，老师们都很满意。

艰苦的生活环境

我们过的是低标准的供给制生活，必要的生活用品是上级发的。每人每月发几块抗币（淮南银行币）津贴费供零花，买袋牙粉、一块肥皂、针线等也就所剩无几了。

伙食标准是按实物折价计算的，略高于连队战士，平时素菜淡饭，如豆腐、青菜、豆芽等。同学中选出的经济委员经常和事务长研究多换花样吃菜，组织同学下伙房帮厨劳动等。每星期天改善一次伙食，吃上一顿大米饭和红烧肉，算是美味佳肴了。逢到节日伙食改善得更好些。为了提高伙食质量，老乡让出一块好地，在教室的东北角，让我们自己种菜，学习南泥湾的革命精神，自己动手，丰衣足食。以班为单位，由生产委员分配任务，督促检查，每天下午课余时间参加劳动，种有油菜、萝卜、空心菜等，还有宫部长从外地引进的番茄。宫部长在《医务生活》杂志上介绍其栽培方法和营养价值。那时，如能吃上一顿鸡蛋炒番茄也算是开了“洋荤”。种菜是件新鲜事，对在上海长大的“洋包子”就不那么简单，要克服怕苦、怕累、怕脏、怕臭种种思想障碍。大家边劳动边唱歌，常常忘记疲劳。崔义田部长和宫部长也常常来看看我们种的蔬菜，点头称赞。同学们共享劳动丰收的喜悦，既锻炼了身体，又增强了劳动观念。

赵希圣指导员发动我们去铜城镇背米。铜城离常庄有30多里，这对青年学生和刚从上海来的“公子”“小姐”们来讲，也是一个考验。没有运粮工具，大家想出办法，把裤子两条腿末端扎紧，灌满米之后，再把裤腰绑好，放在肩膀上背回来。大家一路谈笑风生，唱着《运粮歌》，男同学帮女同学，力气大的帮体质弱的，团结友爱，倒也别有一番情趣。

宿舍是新盖的大草房。自己动手打土坯，造床架，摆上从供给部领来的“竹笆子”，铺上稻草、垫单，每人发给一床被，两个人合睡一个铺。夏季天气很热，发下 2 尺纱布，把被子的棉胎扒掉，在被单两头各缝上纱布称之为“乌龟帐”。那时刘林和马御风(现名江风)、吉竹铭(1950 年解放舟山群岛时牺牲)和胡介堂等人都是合伙用这种帐子。有个顺口溜：“防蚊咬、乌龟帐，竹笆床、睡得香”。由于条件困难，生活艰苦，一些同学感染上疥疮；晚上点油灯复习，讨论功课，可是蚊子很多，遭蚊叮后不少人“打摆子”，薛和老师送来奎宁和硫黄软膏给我们治疗，控制了疾病的发展。

生动的文化娱乐

学习任务是繁重的，我们俱乐部的活动也是十分活跃的。当时的组织机构是：俱乐部主任胡介堂、学习委员施稼、墙报委员丁庆甲、文娱委员全中责(现名金中责)、生产委员徐锡权、经济委员唐正夫。俱乐部对当时的业务、政治学习，丰富文化生活、密切军民关系、改善集体伙食等都起到了一定的宣传和促进的作用。

墙报委员每期都有重点地组织每个班的通讯员写稿，为了配合学习定期出墙报，内容广泛，生动活泼，如有“记好笔记的体会”“消化生理的图解”“解剖术语顺口溜”“医学英语单词记忆方法”“互助组经验介绍”“时事政治解答”，诗歌、散文、谜语等，有评论、有表扬，也有建议和批评。重大节日出专刊，如恰逢“中国共产党诞生 24 周年”，那时除听时事形势报告，通讯员还发动大家写纪念文章，通过墙报活动，把正确认识中国共产党领导的中国革命学习活动推向高潮。

高唱革命歌曲是学校的一大特色，每天 3 餐开饭前，每个班有 1 人值班打饭分菜，其余的同学集中唱歌，每周抽出早操时间，由金坚同学教唱歌。教的第一首歌是《新四军军歌》，第二首歌就是《保卫我们的丰衣足食》。根据地流行的歌曲，如《跟着共产党走》《歌颂中国共产党》《国际歌》《三大纪律八项注意》等，还有苏联歌曲《快乐的风》《光荣的牺牲》《战士灵前》等，少说能唱出几十首。逢到纪念节日组织歌咏队排练参加演出小合唱、二重唱、大合唱，如《黄河大合唱》等。新四军文工团章枚团长常来指导，教歌、排话剧，画家阿老出点子开展艺术活动，为大家画像。还排演话剧，如宇闻同学主演的《雾重庆》话剧，演得淋漓尽致，很受赞许。演《墨索里尼的末日》由块头大大的石井元同学扮演墨索里尼，精彩生动。《走向光明》一剧由芦秋燕同学饰自由女神，她打着火把差一点把舞台顶烧了起来，大家忙救火，闹了一场虚惊。胡介堂与徐云同演过根据地当时最风行的歌剧《兄妹开荒》。教育干事张已克老师和徐云同学带领大家跳扭秧歌舞最受欢迎，这个活动多在课余时间或在早操时间练习，虽经多次排练，总是姿态各异，常出“洋相”，但总是每次联欢会上的压轴节目。那时，军医学校学习氛围浓厚，文娱生活活跃，朝气蓬勃，在军部直属机关中颇受好评。

我们还去黄花塘看军政治部组织演出的苏联话剧《前线》。剧中记者“客里空”的形象，使我们受到一次反对弄虚作假、提倡实事求是作风的教育，至今仍留下很深刻的印象。

另一次去大刘郢二师师部参加群英大会，部队、民兵和当地群众，坐满了会场，人头攒动，人声嘈杂，歌声此起彼伏，相互拉歌，“军医学校，来一个”“军医学校，快！快！快！”这是建设大学拉我们唱歌，记得那时我们唱了一支刚学的《看谁逞英豪》三部轮唱，整齐响亮有力。我们也拉他们，他们唱的是《你是灯塔》，也是轮唱，气氛非常热烈。罗炳辉师长在会上讲了话，给战斗英雄戴上大红花，发奖状。会后是射击比赛，有个民兵小神枪手外号叫“小哑巴”，先是用小马枪打下了正在会场上空飞着的一只麻雀，扬扬自得。正式比赛开始，罗师长和他纵马奔驰比射击，罗师长挥手一枪打断了电线，而“小哑巴”接二连三都打空了。全场轰动拍手盛赞：“罗师长真不愧为真正的神枪手。”比赛完毕后，大家又看了淮南大众剧团表演的《生产大互助》歌剧。

迎接胜利的日日夜夜

1945 年 8 月 15 日夜晚，天气晴朗，赵指导员提高嗓门兴奋地跑来报告大家一个振奋人心的好消息：“日本无条件投降啦！日本无条件投降啦！”这是天大的好消息，像一颗重磅炸弹，一下子炸开了每个人的心窝，所有的人都跑了出来，连在床上“打摆子”的施稼同学也按捺不住欣喜的心情，支撑着身子来到广场。久久盼望的这一天终于来到了，大家饱含泪水，热血沸腾，无比兴奋，集中在广场上又蹦、又跳、又唱、又叫！每个人的心都快要跳出来了，跳呀唱呀好一阵子，谁也不肯回宿舍去睡觉，索性都躺在广场上直到深夜，眼望着天空，憧憬着美好的未来。

下半夜，有人在呻吟：“谁呀？”原来是谢宁同学，他捂着腹部，头上冒着汗珠。宫部长知道了，前来检查病情，经诊断是急性阑尾炎，他马上通知姚庄休养所姚荻所长做好手术前的准备。这时，同学们、老乡们都关切地围了上来。

天刚蒙蒙亮，谢宁被抬进了手术室，宫部长为她顺利地做了阑尾切除术。又过两天，金中责也患了急性阑尾炎，也由宫部长亲自做了手术。宫部长还把和夫人刘球栽种的番茄选上最大最红的送给这两位病号。

胜利的喜悦，浸透了每个人的心田。宫部长更是激动，因为他的老家在东北，对日本帝国主义侵占家乡的切肤之痛比别人更深。他全身心地投入抗日救国革命事业，为胜利在望的新中国培养军医人才，倾注了全部的心血。回想起来，大家更加怀念宫部长。他一生正直、忠诚、坚强、公正无私、追求救国救民的真理，对革命工作极端负责，对贫苦大众极其同情，对同志极其热忱。他的音容笑貌和谆谆教诲，崇高的思想品德修养，永远铭刻在我们这一届学员的心中。

鱼水般的军民情谊

我们这批新学员是从各地陆陆续续招收的。到常庄不久，正碰上反“扫荡”，因还没有正式开学，就随军卫生部撤离常庄，安排在离军部不太远的老乡家。我们这些小伙子、小姑娘初到根据地，人生地不熟，听说鬼子、伪军要来“扫荡”，心中不免有些忐忑不安。老乡知道我们是新参军的同志就格外亲切，像一家人一样，让出最好的床铺，自己挤到别处。吃饭时有时送来一碗炒鸡蛋，还不断告诉我们：“新四军来了，民主政府减租减息，日子好过多了。”

我们学着像老同志那样遵守三大纪律八项注意，帮助老乡做事，如挑水、扫地、切菜、喂鸡、养猪、抱娃娃等，上海来的学员不大会干农活，闹出不少笑话。不久接到通知，我们又回到了常庄，第一次尝到了“打埋伏”的滋味。

春天一到，天气渐渐暖和，部队战士发了灰军装，可我们军医学校虽说是新四军卫生部编制，但由于军工厂一下子生产不出那么多军装，更重要的还要时刻准备应对敌人来“扫荡”，为了打埋伏要求我们穿便服，可是大家心里多么盼望穿军服。为时不久发下布匹和手工费，由校方统一请当地老乡制作。那时，庄上会裁缝的妇女都忙了起来，衣服做好了发给大家，老乡们不肯收钱，经我们再三说明，“这是我们新四军的纪律”，才收了很少的抗币。驻地西北角有一位大嫂心细手巧，给徐锡权同学做的衣服很合身，他平时舍不得穿，穿破了又舍不得丢。

常庄的老乡，生活比较艰苦，卫生条件较差。我们在课余时间向老乡宣传简单的卫生常识，如不喝生水，不吃腐败的食物，拔除房前屋后的杂草，搞好环境卫生等。夏天蚊蝇多，没有杀虫药，就拔些艾草晒干，夜晚燃烧烟熏驱蚊子。由于注意保护池塘饮水的卫生，因而从没有发生过一例急性胃肠炎。我们教会老乡煮衣服、晒衣被、消灭虱子，老乡生病送他们去保健科看病，治好了病，也不收钱，他们非常感激。

平时，我们也常麻烦他们，老乡总是有求必应，宁可自己不用也要先借给我们用，如开会借凳子，种菜借农具，挑水借水桶，演戏借道具，洗衣服借木盆，开讨论会借场地，送病号借门板，等等。有的同学肥皂用光了，去老乡家锅膛掏草木灰泡水洗衣服等。

民运委员经常要去访问老乡家，检查群众纪律，损坏东西照价赔偿，还组织同学帮助老乡识字，学文化。

9 月，抗战胜利北撤通知下达后，大家用了两天时间把环境卫生打扫得干干净净，军部来人检查群众纪律，我们受到了表扬。

在常庄的日子里，环境安定，时间不短也不长，同学们为了一个共同的目标，相聚在一起，学习上，取长补短，共同前进；思想改造，提高认识，共同进步；生活上，互相照顾，克服困难，初步建立起革命的人生观，打下了医学知识基础。适应了艰苦环境的生活，有欢乐，也有惆怅，与老乡朝夕相处，团结融洽，军爱民，民拥军，亲如一家人。

临别那天，谢宁和金中责因手术后时间不长，不能步行，就乘船北上。老乡和我们依依不舍，送了一程又一程，我们挥泪告别了常庄，告别了黄花塘。

烽火中的白衣摇篮
——对新四军军医处第二期卫训班的点滴回忆

1939年1月底至8月，在新四军军部所在地安徽泾县云岭东边四五里路的大路北面，有一处有十来户人家的小村庄，叫“田禾里”。在这里聚集着一群中华民族的优秀儿女，他们生气勃勃、斗志昂扬，刻苦学习救护卫生知识，准备为抗战贡献自己的力量。这就是新四军军医处主办的第二期卫生训练班。

这期卫训班有40多人，分5个班，第五班是女生班，我[①]是班长。开学时10人，不久只留5人，即姜明、王铮、金鼎、何柔和我。男生有4个班，我尚记得名字的有：陈海峰、朱潮、翟盛、李磊、沙序凯、何秋澄、陈本固、李德、张鑫原、蒋品珍、章逸、孙学、江守默、汤禧承、周森林、浦金泉、顾纪书、葛志刚、李桐铭、董学金、金松林等，共26名同志。他

资料来源：吴友廉．烽火中的白衣摇篮——对新四军军医处第二期卫训班的点滴回忆[J]. 铁军·纪实，2013（12）．

① 本文是吴友廉撰写的回忆录。

们大多数来自大城市敌占区，少数来自安徽省各县。他们都有强烈的民族观念，不愿当亡国奴，是抱着强烈的抗日救亡志愿来参加抗战最坚决的新四军的。他们的年龄在 20 岁左右，最大的二十二三岁，最小的十六七岁，多数是初中生，还有部分是小学生，文化程度虽不高，但学习态度很好，刻苦认真、积极努力、团结互助。他们之中的多数人先到新四军教导队受了大约半年的军政训练，有了一定的思想觉悟基础，政治素质较好。

卫训班的机构很小，工作人员很少。教务主任叫杨光，学生的学习、生活由她一把抓。杨主任是湖南人，身材魁梧，工作认真负责，作风大胆泼辣，对人严肃热情，学生既尊敬她又有点怕她。另有一个政治指导员负责管理学生的政治思想工作，名叫吕锡元。他平易近人，很能团结人。还有一个管理排长，负责卫训班的伙食供给。学生队长由学员李桐铭担任。学生中党员不多，建立了党支部，支书由指导员兼任，支委有翟盛、姜明和我。当时党组织党员不公开，男生中党员少，女生中党员多，势必要女生做男生的工作。支部研究决定第一批发展的几个党员都是男生，分工后要我去找一个男生谈话。我感到很为难，被指导员批评后，我只好硬着头皮去做。

卫训班的教员都是由卫生处和军医院的大夫、护士兼任的。教员有崔义田院长、宫乃泉主任、章央芬大夫、吴之理大夫、李振湘大夫、郑素文护士长、陈凤琴护士等，他们的水平都是很高的。

卫训班的课程有内科学、外科学、生理解剖学、护病学、药物学等。教材都是教师自编的讲义，结合实际，深入浅出，我们边做边学，学得挺感兴趣。

此外，卫训班还有个俱乐部，是学生自己组织的。军人俱乐部在指导员的直接指导下，由学生开军人大会选举产生，下设学习、宣传、墙报、歌舞、体育、民运等项目，搞得很活跃。

卫训班遵循了“抗大”和教导队的“团结、紧张、严肃、活泼”的好校风，生活是半军事化的。大家每天很早起床，集合、跑步、收操、唱歌、洗脸、吃饭、上课，和在教导队时的生活差不多。学习除上课外，晚上要做作业。好在大多数学生是教导队训练过的，都能适应。那时经常开晚会，活跃部队生活，有时是军民联欢，有时是和军医处、军医院联欢。节目都是自编自演。我记得一次与军医院的同志开联欢会时，我和一个同志表演卖梨膏糖，一句“李大夫（李振湘）吃了我的梨膏糖呀，开起刀来蛮灵光呀！”逗得全场大笑，我们演得也很高兴。

在卫训班，有两件使我难以忘怀的事：一是见项副军长，二是“七一”轰炸。

开学不久，一天上午，杨光主任叫我跟她出去。只见她急匆匆地说：“去见项副军长，他叫你们女生都回教导队八队去，说卫训班不要女生。你代表女生去讲讲你们的思想和要求。”我带着又惊又忧的心情跟着杨主任上了路。

田禾里到罗里村（军部所在地）四五里路。我们步行到达后，在一间老式小楼上见到了严肃而慈祥的项副军长。他热情地招呼我们坐下，让勤务员拿来两杯白开水。我环顾四周，发现房间里陈设很简朴：一张木板床、一张大方桌、几个板凳。项副军长的和蔼态度使我的紧张心理放松了一些。我们向项副军长敬了一个军礼，杨主任先向他汇报了卫训班开学以来的情况，接着说到女生。她说：“虽然女生不适合去前方，但是后方医院也需要人，希望女生留下来。”然后，她指着我说：“吴友廉是女生班长，让她汇报女生思想吧。”我接着说：“报告首长，我们10个女生都是八队来的，是由领导号召、自愿报名后组织批准的。我们都立志做一名白衣战士，救死扶伤。我们不怕苦、不怕死，坚决抗战到底！现在认真学习，毕业后服从分配，请求首长批准我们继续学下去。”项副军长有点为难了：不同意吧，是不听基层干部和战士的意见；同意吧，要收回成命。他思考了一下说：“这样吧，五个年龄小点的回去，五个大点的留下。”杨主任说：“我们执行首长的指示，回去做好工作。”我们即站起向项副军长敬礼、退出。

通过这件事，我对项副军长的印象是：平易近人，没有一点架子。一个基层干部可以带一个战士直接跑到军首长宿舍，只有革命部队才有这样的事。项副军长讲民主，体恤下情，使问题能得到合理妥善解决。这次见面使我终生难忘。

1939 年 7 月 1 日上午，为准备晚上的军民联欢会，我和另一位女战士在卫训班门口河边洗桃子，忽然听到嗡嗡的飞机声，声音越来越大，我们抬头一看，飞机已到头顶。只见飞机一个俯冲，接着是轰轰一阵炸弹声和嗒嗒嗒机枪扫射声。我们蹲在一棵树下，目睹着日军的暴行，义愤填膺！

几次轮番轰炸、扫射，主要目标是云岭军部所在地和中村教导总队驻地。我们南堡村军医处军医院、田禾里村卫训班目标小，没有遭到轰炸。敌机一走，我们立即参加卫训班组织的抢救队去云岭、中村抢救伤员。我在军医院门诊部照顾收容送来的伤员，给他们包扎、止血、输血，将重伤员送开刀房清创或截肢。有的重伤员送来后因流血过多，抢救无效，我们眼睁睁地看着他们停止了呼吸、心跳，心痛万分。这更增加了我们对日军的仇恨。

这时，我亲眼见到了到皖南军部采访的美国进步记者史沫特莱女士也同我们一起积极参加救护工作。后来，她向国际上报道了日本帝国主义残酷轰炸皖南后方军民的滔天罪行。她指出日军的对华侵略是非正义的，中国抗战是正义的，得道多助、失道寡助，坚持抗战到底，胜利必属中国。

1939 年 8 月，我们课程已学完，少数同学去了前方部队，多数同学到小河口军部后方医院去实习，一个月后全部分配，绝大多数到了前方部队。我被留在后方医院化验室工作。

为期半年的第二期卫训班是男女生在一起学习，虽然大家都是青年人，但没有人谈恋爱。当时有个规定：要符合“二五八团”条件才允许谈恋爱，即 25 岁，8 年革命经历，团级干部。很明显，卫训班的同学都不够条件。但最主要的是，当时的同学思想很单纯，大家以抗日打鬼子为目的，没有人考虑个人问题。经过半年的专心学习，大家不仅提高了专业知识、业务能力，政治思想水平和阶级觉悟也有了很大提高。不少同志在卫训班入了党，立下为共产主义理想奋斗终身的决心。卫训班不仅培养了一批医务卫生骨干，也培养出一支坚持革命到底的政治队伍。在以后艰苦、残酷的战争年代里，在枪林弹雨的斗争中，卫训班的同学成为革命的白衣战士，没有一人贪生怕死、叛变投敌，他们救死扶伤，为革命贡献了自己的一生。经过长期革命战争和工作的锻炼，他们在新中国成立后大多成了医务战线上的中高级领导干部。这就是我们二期卫训班的成绩，是值得我们自豪的。

新四军的药材工作与药工同志

新四军建军初期，军队领导十分重视后勤卫生工作的建设，因为卫生工作对部队的战斗力有重大的影响。在这支白衣战士队伍中，有一部分专门从事为医疗工作提供药品和医疗器材（简称药材）的药工人员，他们千方百计为医务人员提供救死扶伤的药材供应，为战胜敌人作出了一定的贡献。在建制上，军、师、旅的卫生部均编设材料科或药材科(股)，团卫生队则为药房。前后方医院和野战医院手术队均设有药房，具体负责药材的筹措、供应和保管。

1938 年新四军组建后，军医处由沈其震任处长，下设医政科、材料科、保健科和总务科。材料科首任科长为吴之理，“皖南事变”后重建军部时，军医处改为军卫生部，沈其震为部长。从 1940 年到 1947 年历任军卫生部材料科科长的有洪振声、张梓楠、孙方琪、胡山、阮学珂、胡坚。1948 年军材料科改为材料处，任处领导的有徐金元、

资料来源：严真，阮五一，阮元．新四军的药材工作与药工同志 [M] // 北京新四军暨华中抗日根据地研究会．铁流 16. 北京：解放军出版社，2010：265-277.

阮学珂、胡坚、史毓民。各师卫生部材料科的科长为一师张启隆，二师朱光熙、马俊、阙声，三师洪振声、吕宗杰，四师周浩然，七师屠桐君、程彬，五师、六师未设材料科。

药材的筹措

建军之初的新四军军医处材料科，曾从武汉国民党陆军军医署领到少量药品及器械，以后也从屯溪国民党第三战区军医处领过三四次数量有限的药材，但远远不能满足需要。国民党掀起反共高潮后则中断了对新四军的一切供应。1938 年冬为筹措全军需要的药材，沈其震和吴之理经美国进步作家史沫特莱的介绍赴上海会见《密勒氏评论报》主编鲍威尔和英国援华物资会主席寇尔，请他们援助药品器材。沈其震还独自去香港拜会宋庆龄同志，争取她领导的“保卫中国同盟”（下称“保盟”）的支援。宋庆龄同志说，国际上主持正义的团体和个人都在响应“保盟”的号召，已经捐募了一些药品器材和其他物资，有些到了香港，有些到了上海。此时“保盟”已在上海租界成立了分会，她可以通知上海的耿丽淑去办。不久，两大汽车的 X 光机等医疗器材和药品从上海运抵皖南泾县小河口军医处材料科仓库。药品中有世界上刚生产、国内还没有用过的消炎药——白浪多息（第一个磺胺类药）。抗战胜利后，“保盟”易名为中国福利基金会，仍继续支持新四军，解放区的国际和平医院的全套医疗设备就是中国福利基金会捐赠的。

抗战初期，中国红十字会救护总队队长林可胜教授及上海扶救社曾给新四军多次药材支援。1939 年春，加拿大护士琼·尤恩不畏艰险，从上海把国际友人捐赠的一批药材运送给皖南新四军，她在军部医院工作了半年后离华返加拿大。“皖南事变”后，新四军军部重建，各支队队伍扩大，编为七个师。但是，根据地被日伪分割，各师分散，军卫生部材料科不可能统一供给各师药材，只能由各师自行筹措。据卫生部崔义田部长回忆，在他的《新四军中的卫生工作》一文中提到：当时规定，凡运出根据地的物产到敌占地销售者必须带回一些急需的药材，并规定药商买药可付给比发票原价多100%的药款。因从敌占区买药到根据地是有风险的，当时药品是禁运品，运到根据地要花不少费用来买通关系，搞不好不但会被日伪没收，还有生命危险，好在大部分药商是爱国可靠的。军部和一、二、三、六、七师靠近沿海大城市，购进药材和医药书刊困难少一些。据估计，当时90%以上的药材是向药商购买的。陈毅司令员在开创茅山根据地时，曾亲自同当地资本家茅麓公司经理纪振纲做统战工作，纪振纲从上海运抵茅山一批药材，解决了部队的需要。江苏省六合县的一位庞牧师，一直为军部和二师买药和医药书刊。上海爱国青年沈思衍等采取“分散多次夜间速运”的方法将药材买往根据地。上海药商陆悦庭多次为军部和二师购药购书，并送儿子陆烈成参加新四军。上海培福药厂厂长闻余堂也亲自送儿子闻尧参军。两位父亲解放前后光荣地加入了中国共产党，两个儿子均为药工干部。陆烈成一直随战斗部队在野战医院手术队药房工作，参加各个重要战役的伤员抢救工作，受到上级的好评。闻尧自学成才，新中国成立后在上海试制成我国第一台X光机，成为精密医疗器械方面的专家和工厂总工程师。

军部和各师也有赴敌占区去采购药材的。如1941年沈其震部长带领陈寅(陈满珍)赴上海购药并为部队筹建药厂。1942—1943年，新四军一师曾派郑仲去上海购药，得到天业药行经理地下党员钱乃正的帮助。1946—1947年滨海军区卫生部郝奎曾两次赴上海购药。军卫生部派胡山、张树芹、王川到上海购药。郝奎、胡山等到上海都是在我根据地沿海港湾日照的岚山头或石臼所乘帆船，带上数量可观的毛猪、花生及食用油等土产品，在上海由地下党领导的同建西药行协助购药并安排运输船只。军卫生部还派史毓民、胡坚、闻尧、张国华等赴大连营口等处采购药品，接受日本投降后的敌方药厂和药库。史毓民曾两次赴东北采购药材。去上海、大连的同志都是乘帆船过海，冒着生命危险冲过敌人的封锁线，从大连运药回来，夜闯敌人军舰层层封锁的渤海湾，到达胶东的一个小渔港八角口，还要周折步行千余华里过胶济铁路封锁线，送药材到鲁中沂蒙山区的军卫生部材料驻地长庄，真是困难重重。胡坚、张国华、闻尧三位同志胜利完成了运送 300 多箱破伤风血清及其他药材的任务，军卫生部给三位同志分别记了一等功。

抗战后期，我根据地政府在小城镇设立贸易机构，负责采购军需物资和药材。如淮南路东专署驻竹镇的对外贸易公司，就负责为二师卫生部对外购进药材。皖江地区在无为县汤家沟开设的大成公司，负责为七师卫生部购进药材。在上海地下党领导下，1942 年在上海湖北路迎春坊 12 号开设同建药行，该行曹达、龚道贤同志曾以药商身份数次为军卫生部购药，并协助新四军赴上海购药的药工干部购药运药等。有些国内市场不易买到的药品如磺胺青霉素针剂等，同建药行还可向国外订货，或通过在其他药行工作的地下党的关系，将这些特效新药首先满足同建药行的需要，以支援新四军。同建药行实际上是上海地下党进行秘密工作的一个联络地点，护送过上海民主爱国人士赴新四军淮南根据地参观，并为新四军卫生部军医学校在上海聘请专家教授，如上海雷斯德医学研究所生理学专家沈霁春教授，经动员后，一家六口于 1945 年 5 月由曹达同志护送到新四军卫生部。

自己动手生产药材

自己动手生产药材，是新四军解决部队药材需要的又一重要措施。1941 年春，陈毅代军长、刘少奇政委指示军部开办自己的制药厂，以打破敌人的封锁，派卫生部长沈其震到上海，会见上海中法大学药科教授恽子强(先烈恽代英之弟)和他的助教阮学珂，动员他们去新四军根据地办药厂，并委托他们在上海做必需的筹备。不久，他们到达苏北根据地，并将带来的医药书籍、仪器设备捐赠给新四军卫生部。厂址选设在淮南二师驻地大刘郢村，定名为华中制药厂，阮学珂为副厂长，采取边建设，边小量生产酊剂、油膏等。1943 年日军对淮南地区大规模“扫荡”，药厂奉命停办。根据刘少奇指示，沈其震部长带领恽子强、阮学珂及军部材料科长孙方琪等一行赴延安。阮学珂在延安入党，并被授予模范药剂师称号。阮学珂在 1945 年又重返新四军，任军卫生部材料科副科长、科长。他以原华中制药厂的原有打片机等设备，继续小批量生产药品。1946 年 5 月军部材料科迁至临沂独树头村。制药部分成立了制药所，由范正任所长，有针剂(范正)、片剂(简政)、制剂(胡坚)、敷料(何大义)、实验室(严真)等 5 个室，制药所后随材料科迁到鲁中山区长庄，又增加了疫苗室(闻尧)。实验室内还增加一名从大连来的日本技师各乡司，做麻醉药品的原料。制药所产品有几十种，当部队药材需求激增时，制药所日夜开工生产。到 1947 年秋，国民党军队重点进攻鲁中时，制药所转移到胶东与牙前县观水村的胶东军区新华制药厂合并，即现在的山东新华制药厂。

新四军各师旅材料科和药房根据上级指示，发扬红军自力更生的精神，就地取材，自己动手生产药材，以解决所在部队的医疗急需。如自制急救包、绷带、纱布块、棉花球、三角巾、四头带等，以胶水涂在牛皮纸上代替胶布，随军手术队药房都自己做这些敷料。自己动手采摘中草药，以白酒制成酊剂或就地购买中药材制成口服散剂、酊剂、丸剂、膏剂等，买生石膏捣碎在锅中炒，成煅石膏粉等。具有打片机制药设备及有一定生产规模的有一师（苏中军区）卫生部材料科。一师由张光裕组装修整好从上海购来的手摇打片机一台，能生产各种药片。材料科在李靖带领下，用土法大量生产脱脂棉花和脱脂纱布。据二师卫生部材料科马俊科长回忆，材料科除制酊、水、膏剂外，在宫乃泉部长的支持下，自 1943 年起从上海前后买来 4 台手摇打片机，由华锋负责片剂生产，还请了铁皮匠制造镀锌铁皮蒸馏水器、大便盆；请木工制夹板、拐杖，将这些发给团卫生队等医疗单位。二师的药材生产部门不久发展成为材料科制药厂，作为随军药厂，1947 年秋随军部制药所转移到胶东，并入胶东军区新华制药厂，即现在的山东新华制药厂。

即使是随作战部队行动的手术队药房，也自己动手配制药品。据手术队药房季杭若、陆烈成两位同志回忆，手术队药房随军转移一般离火线 15~30 公里，手术队接收从战场上送来的伤员，每个战役一般要求收 100~300 人，需要大量的输液（生理盐水、葡萄糖液等），都是使用前配制的。手术队随军转移时携带蒸馏器，到达驻地后 1 小时内制出蒸馏水，同时布置药品配制室（在民房中架个布帐篷），两小时之内配制出各种输液及外用消毒剂等，很快用于伤员，接到通知 1 小时即可转移。全部药品器材用马拉大车 1 辆即可，用人力独轮小车则需七八辆。绷带、纱布块、棉花球都自行制作。所有敷料都清洗消毒后重复使用，冬天清洗时水冰冷刺骨，夏天臭气冲天，在完成这个既脏又累的任务时，还有被感染的危险。

药材的供应和保管

新四军建军初期，军医处材料科实行的是直接统一供应，药材定期由材料科供应到各支队和团，团再供应到营连。材料科仓库根据部队作战和常见病防治需要，将药材分三类，用标准箱供应。一类为战伤药材，一类为常见病防治用药，还有一类为特殊用药。当时材料仓库分设在泾县小河口及其对岸的马岭坑。仓库雇请铁皮工、木工制作药箱、药盒，请数名女工制作敷料。仓库将分装好的箱子标记后，每月派人用竹筏运至章家渡总兵站，由兵站分送至各支队和团。

“皖南事变”后，军部重建。支队改编为师，队伍扩大，根据地被敌人分割封锁。军卫生部材料科已无法对全军药材统一供应，采取了实物与经费结合的措施，依据部队所在地的生活水平来定经费标准。在实物药材供应上，一般是进口的特效原料药、供下属单位配制使用的化验试剂、手术器械等，由军师材料科供应。到解放战争后期，为了适应战略反攻的形势，药材供应工作又进入集中统一的新时期，由军卫生部材料处统筹全军的药材供应，部队按百人计算，医院按百个伤病员计算供应。军部材料处在胶东、渤海、鲁中南等地区设立了 4 个药材仓库。据第一库主任张国华回忆：当时仓库有 100 多人，还有两个警卫排，供应 15 个纵队 15 个后方医院，12 个野战医院，还有军区直属单位。仓库靠近公路，领药单位都是开了汽车来装运药材。为避开敌人的扫射轰炸，都是半夜三更来领药，汽车一到哨子一吹，全库所有人员纷纷起床，帮着搬药箱装车。仓库除了忙于发放药品，还要验收购进的药材并改装成方便运输的箱子，对怕冻怕热的药品还要挖地窖保存。在战争时期，药工同志对药材的保管任务是极其艰巨的，由于部队领导的重视和根据地群众的帮助及药工同志自身的努力工作，药材得以保管好免受损失。

据 1943 年任二师卫生部材料科科长的马俊同志回忆：二师卫生部宫乃泉部长十分重视药材工作，反复教育大家药材来之不易，是根据地老百姓用生产的粮食等换来的，一定要保管好，不能浪费。二师政委谭震林专门听取卫生部对储存在群众家中的药材保管情况的汇报，当年二师卫生部材料科存在科里的药材一般只有 20~30 箱，经常有 200 箱左右的药材分散保存在农村基本群众家中。这些可靠的群众都是地方党认真选定的，这些药材箱子有的放在夹墙，有的放在暗室，还有的埋入地下或藏于草堆中，部队需要时秘密地夜间取回。

据张德义同志回忆：1941 年底他当时才 16 岁，在一师一旅卫生部材料科当材料员，因日寇的“扫荡”，领导分配他带领一批约 120 箱药材在如皋县西的周庄打埋伏，为了将这批药材埋伏保管好，他打扮成地道的农民，将药品安置在村长家，与村长以叔侄相称。因讲话与当地苏北土话不同，为防不测他在外人面前装作哑巴。在村长的精心安排和村民们无私的资助下，药材全部分散到周围 2~3 里的基本群众家中，由群众各自搬运并隐藏好。他只掌握账单、箱号及存储户的户名地点，部队来领取药材时每分发一次要跑多户人家，常常是通宵达旦。取出一两件药品后，药箱还要按原样储藏起来，这些都依靠各储户的帮助。敌人来“扫荡”了，他就随群众东跑西跑地躲藏，敌人大多数在晚上撤走，他就随群众回村原住处，在这样打埋伏的情况下，他保存并分发药材 9 个多月。依靠当地群众的支援，药材无损地保存好了，到 1942 年冬，张德义同志才回到部队。

在解放战争时期，同样有依靠群众隐藏保存药材的感人事例。1947 年秋国民党军队重点进攻山东解放区，华东军区卫生部材料处一分为二，一部分留在原处，另一部分转移到胶东。留原处鲁中沂蒙山区长庄的药材由胡坚同志带领张国华、周培健等同志将几百箱药材分装在 300 辆手推小车上，转战在沂蒙山区的村村寨寨，一面行军一面分发药材，推小车的民工都是有组织的，由乡村干部带领，自备干粮，自己管理，他们以支前为光荣任务。这样的药材车队，若遭遇敌人就很危险，因此上级领导决定将药材转移到沂蒙山区 72 崮中地势最险峻的南岱崮、北岱崮和芦崮三个崮上，崮上有石洞可以存放药箱。小车上的药箱全部靠民工和战士们肩扛人抬，从山脚下运到崮的山洞里。少数药工同志则分别在山下村里住宿埋伏，其他同志随胡坚去了渤海军区。

转移到胶东的一部分到了夏村附近的后殷家村，安营扎寨，开始接收由大连等地运来的药材并分发部队。不久，敌人重点进攻夏村，材料处领导阮学珂决定柳献民等三人随药材转移到山区的胡家沟村去打埋伏。转移到胡家沟村的药材有百余吨，放在村里很不安全，他们决定搬到附近山上埋伏起来。该村约百户人家，青年人多数参军了，壮年人多数当民工支援前线去了，只有青年妇女承担搬运埋藏药材的任务，在村支书和村长的带领下，为保密白天不干夜里干，参加上山挖坑和运藏药材的都是经过村支书挑选的党员和基本群众，对村中的地、富、坏分子派民兵监视，不准晚上外出。经过多天的夜晚紧张劳动，终于将放在村里的药材全部运上山完成了埋伏任务。到 1948 年解放战争转入反攻阶段，以上保管的两批药材又完好无损地支援了华东前线。

“海上药库”是新四军一师卫生部材料科独特的药材保管供应形式。1941 年底日寇对盐阜地区进行大“扫荡”。根据一师卫生部李振湘部长的指示，将材料科人员和药材全部转移到海上。科长张启隆与一师海防团联系，并雇了帆船将药材分批搬到船上，赶在敌人“扫荡”之前迅速下海，以船为单位，随海防团船队在海上南北流动。每到一地靠岸，就通知部队来领药，实施了“药材在海上供应”的指示。这个时期从上海采购来的药材也是在海上交接的。药工同志在海上船中不但要克服晕船、缺乏淡水蔬菜等生活困难，还要抵御风暴和海匪侵袭，他们依旧克服困难配制普通药剂。经过一年又 9 个月，到 1943 年秋抗战形势好转，陆上相对稳定，才奉命告别大海上了岸。

战争时期，药工同志的誓言即“人在药在”，与药材共存亡。他们履行着自己的神圣职责，创造着药材工作史上的奇迹。

在新四军的药工干部中，入伍前受过专业教育或有药厂药房实践工作经验的是极少数人。要做好药材工作，这一项专业性的技术工作主要依靠部队自己培训。新四军卫生部材料科从 1944 年初开始由科长胡山负责，先后办了两期药训班，后由严真负责先后办了四期药训班（其中有一期为华中医科大学药训班转入），学习时间为 6~8 个月。这六期药训班共培养药工人员 350 人左右。曾任药训班教员的有：科长胡山教第一期药训班药物学，沈朴教第一期化学，严真教二期化学与配伍禁忌，姚守懿教一、二期英语药名，邢其毅教二期有机化学，薛新、计女为教二期药物学。三期药训班多为兼职教员，科长阮学珂教药物化学，制药所所长范正教药用植物学、制剂学，统计股股长康泰教统计学，严真教三、四期无机化学、有机化学。四、五期药训班教药学类专业课程的专职教员为唐怡敏、屠桐君、朱宪章、宗洛等，科长胡坚教卫材管理课。一师卫生部材料科李靖从 1945 年起先后办了三期药训班，学习时间 3~6 个月不等，共培训学员 50 人左右。以上经培训的学员均成为药材工作的骨干。

“保盟”对抗战敌后战场医疗工作的贡献

保卫中国同盟（简称“保盟”）是在1938年6月抗战进行到最艰苦、最困难的时候，以宋庆龄为首的热爱和平、支持抗战的海内外人士在香港组织发起的。1941年12月，太平洋战争爆发，香港沦陷，“保盟”又转战重庆。“保盟”自成立的那一天起，就一直为活跃在敌后战场的八路军、新四军的医疗工作作出了巨大贡献。

广泛争取国际社会的援助，筹集医疗物资及经费

“保盟”的主要任务和重要工作就是争取海内外进步人士对敌后战场的医疗工作进行援助。在“保盟”成立宣言中就明确指出其目标有二：“一、在现阶段抗日战争中，鼓励全世界爱好和平民主的人士进一步努力以医药、救济物资供应中国。二、集中精力，密切配合，

资料来源：华伟．“保盟”对抗战敌后战场医疗工作的贡献[J].军事历史研究，2009（04）：35-38.

以加强此努力所获得的效果。”

“保盟”主席宋庆龄以其独特的人格魅力和显著的身份请求各国对抗战医疗工作进行援助。1939年10月，她在给国外援华机构的信中写道：“中国迫切需要抢救生命的基本用品，你们的捐赠能发挥最大效果”，“中国需要什么？大量的防治疟疾、霍乱、伤寒、痢疾和回归热的药品；各种改善医疗服务的医院设备；敷料、绷带和急救用品；伤员今年御寒的毯子”[①]，宋庆龄发自肺腑的呼吁立即得到了国际社会的慷慨相助。1939年11月，“保盟”收到了大量医疗物资，有“新西兰左派图书俱乐部的1000条毯子、一些药品含糖炼乳；美国医疗援华会的10捆毯子和9箱医疗用品；加拿大维多利亚医疗援华会的40箱毯子、绷带和衣物；香港C.S.橡胶出口公司的50打外科橡胶手套”。[②]

“保盟”通过自己出版的英文刊物《保盟通讯》全面介绍了中国敌后战场医疗工作的现状，准确地描述了由于缺医少药而面对的各种困难和可能引起的严重后果。在几乎每一期《保盟通讯》中都可以看到八路军、新四军严重短缺的医疗物资和药品（如下表）：

抗日战史 · “保盟”对抗战敌后战场医疗工作的贡献

《保盟通讯》刊载的文章及期数	所需医疗物资、药品
《保盟通讯》第1期：新四军的医疗机构：成就与需要	标准的外科设备、便携式X光机、毯子、担架、布、奶制品
《保盟通讯》第2期：冬季前需要5000条毛毯	毯子

① 致外国团体[A]，宋庆龄书信集[M].北京：人民出版社，1999.

② 保卫中国同盟新闻通讯[M].北京：中国和平出版社，1989.

续表

《保盟通讯》刊载的文章及期数	所需医疗物资、药品
《保盟通讯》第 3 期：为我们的伤员提供 2 万条毯子	毯子
《保盟通讯》第 4 期：长江流域的疟疾——求援及保盟的答复	蚊帐、奎宁
《保盟通讯》第 5 期：访问战斗中的西北	药品
《保盟通讯》第 8 期：关于边区医院的报告	消毒剂、营养药物、敷料、毯子、床单
《保盟通讯》第 9 期：关于国际和平医院的报告	全套骨科器械、X 光机、橡胶热水袋、橡胶管、鱼肝油等
《保盟通讯》第 13 期：国际和平医院需要这些外科器械	各种外科器械
《保盟通讯》第 21 期：山西来信	治疗斑疹伤寒、回归热、痢疾、疟疾的药品
《保盟通讯》第 22 期：山西的医疗情况	特种外科设备、显微镜、X 光机、实验化学药物洒尔佛散
《保盟通讯》第 25 期：在长江流域的游击战士中间	医疗物资
《保盟通讯》第 27 期：西北的救济工作	维他命 B 制品、鱼肝油、酵母制剂、预防脚气病、营养不良症的药品
《保盟通讯》第 29 期：晋东南的医疗工作	外科手术袋、消毒器皿、体温计、无毒注射器、奎宁、阿司匹林、消毒剂以及各种急救药品
《保盟通讯》第 34 期：新四军的医疗工作	医疗设备

几乎世界各大洲的大部分国家都有“保盟”的组织者和支持者。“保盟”，得到了各国援华团体的重要援助。这些团体主要有：美国援华会、英国的中国运动委员会、美国的中国人民之友社、法国巴黎的中国人民之友社、纽约的美国医药援华会、伦敦医疗援华委员会、旧金山援华会，以及加拿大、澳大利亚的和平民主联盟等。

克服重重困难，把医疗物资送到八路军、新四军手中

如何将捐赠的医疗物资及时准确地送到八路军、新四军最需要的地方是“保盟”经常遇到的一个难题。

捐赠的医疗物资首先被存放在“保盟”设在香港的仓库里。为了防止出现无用废弃的医疗器材，要先对这些物资进行检查分类，编写细目，集中装箱。许多“保盟”成员，如廖梦醒、沈粹缜、倪斐君等都参加过这项工作。

运往北方的医疗物资都需要绕道经过贵阳、广西等地，运往长江地区的则“通过尚未被日本人占领的小港口，沿着内地河网，靠骡背和牛车经过乡间不平的小道”。随着广州、武汉、南宁等大城市的失陷，“保盟”对运输方案也相应地进行了调整。从印度支那——云南铁路运送过来的医疗物资免费送到昆明后，在中国红十字会运输队的帮助下，从昆明再运到离目的地最近的地方。“保盟”每月向红十字会支付 3000 元作为运输费用。这些医疗物资在车辆无法通过的地区，还需要借助人力和牲口进行运送。以运往国际和平医院的医疗物资为例，货箱在西安从卡车上卸下后，“保盟”每月支付 700 元运费由骡子驮往延安。从延安到五台山，“保盟”每月再支付 700 元由挑夫运往。如果是从延安到晋

南，要由挑夫、牛车和骡子共同完成，同样也是支付 700 元。如果是去长江下游的新四军医疗机构，每月支付挑运队 800 元。据统计，“保盟”在香港 3 年多的时间里，共送出 120 多吨医疗器材、药品和其他物资，平均每月送出 3 吨。

在实际的运输中，除了战争带来的绕道行驶、路况的复杂、汽油的匮乏和昂贵的开支等困难外，国民党的阻挠和日军的封锁也是运送医疗物资途中遇到的“大麻烦”。有一次，国民党在离延安不远的陕西三原没收了“保盟”三卡车医疗器材，包括外科手术用的橡胶手套和 X 光机。“保盟”运往延安的医疗物资也经常因为没有许可证，在离目的地不远时被滞留，耽搁了抢救伤员的最好时机。

许多国际友人为“保盟”运送医疗物资提供了大力支持。身为“保盟”成员的德国友人王安娜亲自到越南的海防、河内等地，护送“保盟”支援抗日根据地的大量医药用品、野战医院设备，以保证尽快通过印度支那进入中国内地，抵达目的地。德国医生汉斯和“保盟”成员新西兰作家贝特兰一起将一辆大型救护车运送到延安，给流动医院和条件差的地方做手术室用。美国史迪威将军也为运送医疗设备出过力，他曾下令扩大运输机舱门将一台大型 X 光机顺利运往延安。史迪威将军还经常帮助“保盟”用滇缅公路运送外来物资，并同意从印度飞来的美国军用飞机直接将药品等运往延安和解放区。

“保盟”在上海还成立了分会，安排并组织力量将医疗物资送到新四军手中。1938 年 12 月，在“保盟”分会和上海党组织的安排下，第一批“上海各界民众慰劳团”在王纪华、顾执中的率领下，通过了日军的封锁线和国民党顾祝同的防地，给皖南新四军带去了一批手术器械和大量药品。1939 年 5 月，由吴大琨任团长、杨帆任副团长的第二批慰劳团又给新四军医院带去了大量医疗用品，其中包括 6000 码蚊帐用料、20 万片奎宁、400 听炼乳、12 万剂预防霍乱的疫苗、2000 个消毒包等。

集中人力物力创建起以国际和平医院为核心的医疗救济体系

中国抗日敌后战场的医疗组织和方法都非常落后，缺少经过专业训练的医生和护士是比缺少医疗物资更为严重的问题。因此，“保盟”把工作重点放在援助敌后抗日根据地建立长期的医疗救济体系上。这个医疗体系的核心便是国际和平医院。

建立国际和平医院的决定是世界反法西斯组织——国际和平委员会于 1938 年在巴黎举行的世界代表大会上作出的。宋庆龄与国际和平委员会派出的代表何登夫人商量后，将“国际和平医院”的名称给了由白求恩大夫任院长的五台山医院。《保盟通讯》第 2 期上发表评论称“这一做法是十分恰当的，游击队员们在华北雪地里用简陋的武器战胜日本帝国主义的军队，他们确实是为世界和平而战的先锋”。

“保盟”经常派出成员深入一线了解国际和平医院的情况，并及时在《保盟通讯》中进行报道。贝特兰、王安娜都曾前往考察，并带回了有关医院建设的第一手报告。

“保盟”动员和介绍了许多国际主义战士到国际和平医院参加敌后战场的救护工作。其中有白求恩、柯棣华、马海德、巴思华、法莱、米勒、布朗、哈里森等。他们不仅救护伤员，还积极创办医疗医药学校，培训医务人员，建立药厂，以精湛的技术和良好的医德医风，为抗日根据地的医疗卫生工作呕心沥血，有的甚至献出了自己宝贵的生命。

“保盟”还为国际和平医院的建设争取了大量经费。还在决定建院时，英国援华委员会就通过“保盟”向国际和平医院提供了2450英镑作为建院费。“保盟”还积极为国际和平医院举行募捐活动。1940年2月春节期间，由“保盟”主席宋庆龄主持，著名影片《裘莱士》在香港皇家大剧院隆重义演。人们纷纷前往观看，仅两天收入就超过3000元，全部作为建设国际和平医院基金。1941年“保盟”又邀请了著名舞蹈家戴爱莲和优秀男低音斯义桂参加义演，演出获得的一部分收入也捐给了国际和平医院。同年9月18日，“保盟”又邀请金山、王莹等排演著名话剧《马门教授》，演出收入全部捐助国际和平医院。据统计，“保盟”为国际和平医院提供的经费在所有援助项目中是最大的：1939—1940年为46878.46元（港元），1942—1945年为652435美元，170856608元（法币）[①]。在“保盟”的大力支持下，国际和平医院迅速从最初的1所发展成为一个庞大的医疗网络，拥有11所中心医院、42个前方医疗队、8个医科学校，以及制药厂和设在延安的白求恩医学图书馆。它在抗日敌后战场的医疗工作中发挥了不可估量的作用，正如联合国救济总署医学部驻中国的负责人在报告中评价：“这些机构（国际和平医院）的工作是任何医院都不能比拟的，在战争时期，他们冒着对生命和医疗设备的危险在进行工作，但仍旧建立起健全的医疗制度，并且在人民中间掀起了一个影响深远的医学卫生普及教育的运动。”[②]

---

① 唐宝林．深谷幽兰——战时国母风采[M].南宁：广西师范大学，1992.

② 宋庆龄．永远和党在一起[M].上海：上海人民出版社，1983.

沙序凯与“保健堂”的创建和发展

沙序凯同志是我们卫生战线上的一位老卫生工作者，在抗日战争时期，为了根据地人民的健康和安危，在地方党和上级领导的支持下，克服困难，发愤图强，自力更生创建和发展了“保健堂”事业，为解放区卫生工作作出了重要贡献。他1938年入伍，历任军医、卫生科长、医务主任、师卫生部长、中国医学科学院副院长等职，1983年离休后，认真地回忆和总结了60余年的革命生涯和斗争经验，在病中回忆和编写出了一份创建和发展“保健堂”的资料。

1944年沙序凯由新四军二师卫生部调往淮南路东抗日根据地——盱眙县时家集淮南专署担任卫生科长，地方群众卫生工作对他来说还是个新的任务。好在行署原设有卫生处，工作已有了一定的基础。各地抗日民主政府遵照行署的指示，已在各主要集镇发动群众办起了“保健堂”；行署

资料来源：赵生．沙序凯与“保健堂”的创建和发展[M]. // 中共淮安市委党史工作办公室，淮安市新四军历史研究会．黄花塘新四军军部史论选．北京：中共党史出版社，2012：172-175.

举办的“淮南新医进修班”也已经开学；全专区还组织起一个团结中西医药卫生人员的群众团体——淮南医学会。当时，主要是建立和充实保健堂，并以它为中心，开展群众性的医疗卫生工作。

保健堂是抗日民主政府发起、党委支持的群众卫生事业，是由群众自己办的，属于合作社性质的医疗卫生组织，由区、乡民主政府具体筹办。它的资金来源：一是由群众集资兴办，即每户出 2 元作为一股（有的户以粮食和鸡蛋等折钱入股），一个区可以集四五千股约万元，多数是一个区办一个，也有几个乡合办的；二是由区合作社拨出资金办，在组织上属于合作社的医药部，对外也叫保健堂。收入好的保健堂到年底还可以按股分到红利。

保健堂的宗旨和任务是：为根据地的群众防病治病，同时担负起当地机关、学校、基干民兵的医疗任务。内部有中、西医，设有中西药房，除治病、卖药外还做防疫工作，实际上起到了卫生基层组织的作用。它的名字为什么叫“保健堂”？是因为淮南地区内各集镇的中药铺招牌都叫什么回春堂、仁寿堂、济世堂，等等。铺内都有中医挂牌诊病，保健堂的负责人多数也是要懂点中医或即是中医师，其余者则为人民保健员，因而随着当地群众的习惯定名为堂。保健堂规定门诊、出诊不收费，药费比照私人药铺打八折到七折，困难户可以赊欠，抗（军）、烈属优先诊病取药。保健堂还免费为群众打预防针、普种牛痘，开展防病知识宣传等。有的保健堂还自制金银花露和其他各种中成药，特别是用以防治痢疾的中成药，起了很大作用。由于保健堂服务态度好，出诊能随叫随到，药品货真价实，因而受到广大群众的信任和拥护。

办好保健堂的关键是要有立志为人民服务的医生。起初保健堂只能聘用当地民间的医生和药工，每月工资 200~400 斤大米。为了解决根据地内医药人员缺乏的问题，行署于 1944 年 6 月在盱眙县的张洪营举办了“淮南新医进修班”培养地方医药卫生人才，班主任由行署主任方毅兼任，新四军二师卫生部长宫乃泉、林震两位同志兼副主任，教务主任由夏俊担任，政治指导员开始是王恭良，不久王恭良调走即由武蕴藻担任。招收学员 100 名，学期 6 个月，教学内容是西医的课程，有生理解剖、内外科、药物、护理等。实习地点在二师卫生部直属所和一些办得较好的保健堂。到 1944 年底结业，学员除少数参军外，大部分分配到各保健堂工作。接着，于 1945 年初又在来安县的半塔办了第二期进修班，开始学员有 300 多名，到日寇投降前结业时只有百余名，部分参了军，部分到各保健堂工作。这两期进修班学员特别是第一期的学员充实到保健堂后，使得保健堂的医疗技术、服务态度大幅提高。他们不计报酬，拿的是供给制待遇，但肯吃苦耐劳，工作积极热情，努力钻研技术，对病人服务周到。他们中有不少原来是中医，经过进修后，学会了西医，在治病时中西医结合应用，大受群众欢迎。由于他们出色的工作，为保健堂在根据地广大群众中赢得了良好的声誉，后来大都成为保健堂的骨干，有的还担任了负责人。

办好保健堂的另一个关键是要有药品器材。当时各县城都被日军侵占，对根据地实行严密的封锁，在这种情况下，各地抗日民主政府就责成当时的贸易机构货管局来帮助解决。货管局就利用当地跑单帮的商人，准许他们贩运粮油作物到敌占区去（叫出口），条件是要为我们买回药品、器材（叫进口）。但数量有限，不能满足需要，保健堂的同志就想尽一切办法来克服这一困难。他们利用当地山区出产的药材和中西原药，自配制剂，如桔梗酊、麻黄酊、复方樟脑酊、鸦片酊、十滴水、金银花露等，自行配制蛋白银眼药水和硫酸锌黄连眼药水，用牛皮纸涂上胶代替胶布，用细草纸代替纱布做敷料，用猪油代替凡士林配制各种软膏，用竹筷代替镊子。好不容易买来一把拔牙齿的钳子，不管什么牙都靠它拔。

由于根据地处于敌后的地位，保健堂在当时的情况下，外科方面，只能做一些脓肿切开、扩创、外伤缝合、腰椎穿刺、包皮环切、倒睫、拔牙、上石膏绷带等手术。遇到阑尾炎等须施行腹部手术的病人，大都由地方政府出面介绍，转请二师卫生部救治。内科方面，没有任何检验设备，医生只有体温计和听诊器，即使在这样的情况下，他们也能根据临床经验及时诊断和治疗。脑膜炎、肺炎、疟疾、痢疾等传染病发生时，除及时予以治疗外，也能采取一些预防措施。

抗击日军是根据地的中心任务，保健堂除为群众防病治病外，也为“抗战”服务。他们平时为民兵治伤、治病，战时派出医生随民兵“支前”，在部队伤员转运途中帮助换绷带、敷料。有的保健堂在可能情况下还宁愿自己克服困难，把战争必需的药品、器材转让给过路的部队，或收治部队伤病人员。

记得当时办得较好的保健堂有：天长县的铜城、汊涧、张公铺、十五里街、周家渡、杨村，高宝县的黎城、闵桥，盱眙县的古城、旧铺、西高庙、泥沛湾，嘉山县的涧溪、自来桥，来安县的半塔集，六合县的竹镇集、四合墩、马集，等等。古城保健堂还和淮南公学的医生合作，成功地进行了大腿深部脓肿切开和疝气修补术，这在当时群众看来，保健堂的医生能开膛剖肚是了不起的事。自来桥保健堂还通过私人开业医生，提早于 1946 年春节前，即从南京买来了牛痘苗，不但对全区各乡的小儿及早免费种了牛痘，还把痘苗支援了邻区的保健堂。当时有一篇题为《保健堂是救命恩人》的报道，原载于 1945 年 6 月 25 日《淮南大众》报。现原文转述如下：“端午这天，小关、南湖两乡群众到街上开大会，一时人山人海，内有个青年妇女姓芦，在街上发痧子，死了过去。大家议论纷纷，认为她活不过来了。季桥区保健堂宣、吴两先生听到了，连走带跑地去看，脸上汗珠子有绿豆大，到她那里给了她丸药吃，使她得到了及时救治，很快就转过气来了，大家又都议论纷纷地说：保健堂是我们的救命恩人，像国民党政府在这里时，这个妇女一定要死了。这先生倒有多好，不要请，自己跑来看病。有种先生，你请他也不来，先要讲好价钱才行呢！”从这篇报道中，可以看出当时根据地的群众对保健堂的真实反映。

“淮南医学会”是行署卫生处1943年在天长县汊涧镇召开根据地各县医药界（主要是私人开业医生）代表会议上成立的一个群众团体，会上选出理事会，推举行署卫生处长杨诺为理事长，李济生（铜城私立诊所）、孙海波（竹镇私立医院）为副理事长，目的是贯彻我们党的统战政策，团结根据地内一切中西医药人员，号召他们打破中西门户之见和公、私界限，互相学习，团结合作，在工作中发挥所长，重视预防。不久，卫生处又在竹镇集召开会议，成立了“淮南医学会六合县分会”。

保健堂由区、乡政府直接领导，并调配行政人员。县民主政府由文教科兼管卫生工作。专署卫生科对各地保健堂进行业务指导和调配技术骨干，每年还分发一些预防注射疫苗和牛痘苗，供保健堂免费使用。全专区曾召开过几次卫生工作会议，交流了保健堂工作的经验。经过一段时间的努力，保健堂内部的组织和工作制度逐步得到完善，技术力量和药品器材不断得到提高和充实。后来，铜城、汊涧等地也有一些私人药铺和诊所自愿并入保健堂的。到1945年日军投降前夕，根据地内8个县的大小集镇，大都办起了保健堂。据几个同志的回忆，至少有50多所，规模最大的有30名工作人员，小的也有10人左右，以天长、盱眙两县办的较多。据天长县档案馆现在保存的国民党档案，有 1946 年天长被国民党占领后，专门接管全县境内保健堂的材料。

当时，根据地内各县地方上没有一座公立医院和诊所，保健堂是政府发起，党委支持，依靠群众自己救自己的原则，发动群众办起来的卫生事业。在创办的过程中，公家没有花一分钱，而是自力更生，从无到有，到普遍建立，不断成长壮大，他们就依靠这些保健堂，以“淮南医学会”团体的形式，团结当地中西私人医药工作者，通力合作，较大地改善了人民群众的医疗卫生条件，制止了疟疾、痢疾、脑膜炎、肺炎等多种传染病在根据地内的流行，为保障根据地人民群众的健康，为保证抗日战争的胜利作出了应有的贡献。

竹子医院

1937年下半年，日本帝国主义开始大举向江南进犯，南京护士学校这时被迫撤到长沙。1938年初，学校的一批女同学，满怀抗日救国的强烈愿望，经长沙八路军办事处介绍，到了南昌新四军筹备处。后来，随新四军军部来到皖南，开始筹办新四军的第一所医院。

开始筹建医院时，遇到了很多困难，第一个困难就是病房问题。当地群众的住房本来就很挤，哪来现成的房子呢？大家就把医院设在一座年久失修的破庙里。当时的军医处和医院领导沈其震、戴济民、宫乃泉、崔义田、齐仲桓、王聿先等同志，和医护人员一起，修整庙房，粉刷墙壁，很快就把整个破庙整治一新。接着，又划分了病房、药房和医护人员的办公室等。这样，算是有了医院了。

房子不管怎么拥挤，总算是有了。各种器具和用品哪里来呢？靠自己动手解决。没有床，便把稻草铺在地上，四周用砖一垒，上面铺条白床单，

资料来源：唐求．我们的竹子医院[J]. 铁军，2008（6）：27-28.

标上床号，便成了病床；没有桌子，捡来一些砖头垒起来，用石灰一刷；没有痰盂，用三块砖头对起来，里边放点灰土便成；没有高压消毒设备，被称为“小木匠”的殷才高同志，就用木料做个蒸笼代替。后来，又通过各种关系，几经周折，在外地搞到一台显微镜、一台X光机和一部发电机，这就建起了化验室、药房和手术室，医院便算建成了。以后，随着部队的发展，战斗日趋频繁，伤病员越来越多，靠这个破庙医院，怎么也挤不下了。于是大家又在当地群众的帮助下，买来竹子，割来茅草，很快搭起了一幢一廊两面的“竹子病房”：竹梁、竹墙、竹门、竹窗、竹床、竹凳，甚至还把一些医疗器具和生活用具也换成竹子的，如装药的盒子、发药的盘子、换药的镊子、盛药的橱子以及抬伤员的担架，等等。医院建成以后，大家说：“请叶军长来看看我们的竹子医院吧！”叶挺军长高兴地来了，他很满意地连声说：“好，很不错，又漂亮，又亮堂。但是要注意防火，可别失火烧掉了。”

虽然当时条件很艰苦，设备简陋，但领导对医护工作的要求却非常严格，对医疗工作抓得很紧。医院里有值班制度，值班室一天24小时都有值班人员；有巡诊制度，医生一天三四次到病房查询病情；有饮食制度，其中分普通饭、软饭、流质和特别饮食等。此外，如护理、查对、发药、打针、换药和清洁卫生等都有具体细则。所以，在那样困难的条件下，虽然接收那么多的伤病员，却没有发生过重大医疗事故。

建院难，搞药更难。当时正是国共合作时期，按理说，国民党政府应该按规定发给我们药品和医疗器材。可是消极抗日、积极反共的顽固派却违反协定，拒不发给我们。

为了得到最起码的药品和医疗器材，军医处处长沈其震经常带着几个医护人员，四处奔走，筹办药材。他们一是依靠各地党组织的大力支持，二是争取红十字会等一些爱国团体和爱国人士的支援，三是发动自己的同志求亲告友，取得帮助。

买药不容易，运药更不容易。当时，武汉、南京、上海、杭州等城市都已沦陷，到处都是日本侵略者的关卡，新四军处在日军和国民党顽军的包围里，运输十分困难。

为了运输药品，大家只好把搞到的药品从内地运到香港，再从香港找到有影响的上层人士，以大客商的名义运到上海，然后穿过日军的层层封锁线和检查站，运到皖南。当时皖南一没铁路，二没公路，除了有时利用河流用竹筏运送外，全靠肩挑人抬。就这样，搞来的一点药品，在经过国民党防区时，还要受到百般刁难。

在积极设法从敌占区采购药品的同时，大家还自己动手，上山采药。一些在当地采集不到的药品，就想方设法以土代洋。如，没有乳酸钙，就把鸡蛋壳研碎代替；没有酒精，就把烧酒加工一下来用；没有凡士林，就用猪油代替；等等。对于一些无法代替的药品，如麻醉剂、注射液等，药剂师就自己配制。自己配制药剂，如果是现在，不算新闻，可在那时候，别提多难啦。比如，配制葡萄糖注射液，按规定要在专门的无菌室内进行，用的蒸馏水，要经过无热原处理。当时没有这些条件，就在竹子药房内拉起帷布，再进行严格消毒，尽可能做到无菌。没有无热原设备，药剂员就采取反复多次蒸馏的办法，努力减少杂质。经过种种努力，最后终于配制出大量的注射液和各种针剂，及时抢救了危重病人，而且从来没有发生过严重的不良反应和感染。伤病员赞扬说：“我们新四军的竹子医院，成了钢铁医院啦！”

1939 年夏天，美国进步作家史沫特莱远涉重洋，来到新四军军部，当她亲眼看到我们的医护人员全心全意地为伤病员服务的动人情景时，非常感慨地说："我到过许多国家，看过许多陆军医院，从来没有见过这么好的陆军医院。我要向全中国、全世界宣传，要让全世界的人都知道这所好的伤兵医院！"

从此以后，史沫特莱女士多次出入病房，和医护人员交谈，她一边观看，一边询问，一边用她随身携带的英文打字机，啪啪啪不停地打着字，把新四军英勇抗战的光辉业绩和新四军卫生战士的生动事迹，发向全中国、全世界，有力地扩大了我军的政治影响。

沙家浜里的后方医院

导语：刘飞将军参加过土地革命、抗日战争和解放战争，60载戎马生涯中，经历了数不清的战役战斗，也留下了很多传奇故事。其中，颇为传奇的就是弹头留在体内并跟随半生的故事。新中国成立后，将军最为怀念的也正是和战友们在芦荡里的后方医院养伤的日日夜夜，并多次撰文记录对后方医院的深情怀念。这些回忆文章也为文艺工作者创作沪剧《芦荡火种》和革命现代京剧《沙家浜》提供了珍贵的第一手素材。

“战斗负伤离战场，养伤来在沙家浜。”这是京剧《沙家浜》中郭建光的唱词，而唱词背后有着一个真实的军民鱼水情的故事。1939年9月，由叶飞率领的江南抗日义勇军（以下简称“江抗”）离开常熟，西移扬中，在江阴顾山遭到国民党“忠义救国军”的偷袭，时任江抗政治部主任的刘飞在指挥反顽战斗中，胸部中弹，伤势严重，被送往阳澄湖畔的后方流动医院救治养伤，当时后方医院已经有数十位伤病员。

资料来源：沈秋农．沙家浜里的后方医院[J]．炎黄春秋，2021（9）：43-46.

芦苇深处藏着 36 个伤病员

刘飞将军在第一篇回忆作品《三十六个伤病员》中提到："1939 年 11 月初，在常熟的东塘墅成立了新的'江南人民抗日义勇军东路指挥部'，这支武装开始只有 36 人，后来就扩大为新四军第六师十八旅了。"将军回忆说：1939 年 5 月 1 日，我新四军老六团高举江抗旗帜，挺进江南，在东路地区开展抗日斗争，进行了"首战黄土塘""夜袭浒墅关""火烧虹桥飞机场"等大小数十次战斗。

秋天，江抗奉命转移到武进以西，继续坚持抗日斗争，在东路留下了 36 个伤病员，同时留下了一个后方医院。张家浜的人民怀念着江抗的子弟兵，他们对常熟县委的负责人之一任天石同志起誓说："交给我们吧，我们能活着，36 个伤病员就能活着。"

其时，刘飞和江抗部队正在西进锡澄地区的途中。9 月 22 日，刘飞在江阴顾山的反顽战斗中身负重伤，江抗总指挥叶飞派专人将他秘密护送至流动在阳澄湖畔的后方医院。刘飞刚到医院没几天，驻昆山的日军下乡"扫荡"，村里百姓纷纷离家避险，伤病员们不得不在护士搀扶下，乘着小船划进一不靠村、二不靠路的芦苇深处。"扫荡"活动一天不解除，伤病员就无法回到村子里去，粮食和药品的短缺问题日益突出。伤病员的身体本来就虚弱，大家饿得眼冒金星，头晕乏力。这时有个叫谢锡生的轻伤员挖了些芦根，洗干净后雪白雪白的，咬一口，脆生生的，水分十足，还有淡淡的甜味，大家原本饥肠辘辘的感觉顿时得到缓解。有人提议再去多挖些芦根来，却被刘飞及时制止了，他说："芦苇是我们的篷帐，扒得多了就容易暴露自己，再说到芦苇荡边上去挖也不安全。"接着又有同志说可以去摸鱼、摸螃蟹来烤着吃，提议很快遭到反对，芦苇荡里生火，烟雾一定会引起敌人的注意，大家只得继续咬着牙坚持。

秋收后，张家浜一带的农民习惯在小房子后面堆起一个高大的稻草堆子。那一年，农民不约而同地在稻草堆当中搭起一张宽宽的铺，到了晚上，一家老小都躲到稻草堆当中过夜，不敢住在房子里。而秋收后，湖港里不好隐蔽了，伤员们也不能再躲在野地里，况且伤员们大部分是操闽东话的，藏在屋子里极不安全。于是，入夜后，全庄都把狗关起来，不让它们狂吠，再把伤员从小船上接回来安置在各家的草堆里。

庄西头的凌家寡妇把9岁的女儿抱到家里睡，女儿不依她："睡在房子里鬼子来了躲不及……"凌家寡妇急得没法，只好撒了个谎："妈做了个梦，好像夜里有个水獭子从湖里爬上了稻草堆……"小凌子从此就不敢接近稻草堆了。有一次她在后门口偶然看到一只烂腿露在外面，吓得叫喊起来，忙溜到妈妈怀里。凌家寡妇只得照实告诉了女儿。从此小凌子成了谢锡生同志的"小护士"，天不亮就把饭送到草堆里，天黑了再送一顿。有时还在离屋不远的地方望风，让谢锡生同志晒一会儿太阳。

流动的后方医院

1961年7月20日，《新华日报》以一整版的篇幅发表了刘飞将军的回忆文章《阳澄湖畔》，文章对后方医院的生存状态和人民群众如何保护伤病员的坚强意志作了更翔实、更明确、更生动的介绍。作品一开始就引用了解放军某部一七五团团歌的歌词："阳澄湖畔，虞山之麓，三九年的严冬，三十六个伤病员，高举共产党的旗帜，在暗影笼罩着的鱼米之乡，埋着头，流着血呀流着汗……"这既是对团史的回顾，也是对英雄的颂扬，而刘飞就是这支部队的创建者、指挥者、见证者。将军在文章中回忆："说起来这是‘后方医院’，实际上它既不是后方，也没有‘医院’。我们30多个伤病员分散流动在阳澄湖畔的横泾、陆巷、肖泾、长浜、张家浜、西董家浜等村庄里，农家的客堂、厨房、牛棚、猪圈是我们的病房，卸下来的门板是我们的病床，阳澄湖中的捕鱼小船是我们的交通工具，我们的药品和医疗器械非常缺乏，只有一些红汞、碘酒和棉花、纱布。我们驻地的四周就是敌伪顽的势力，北面的常熟城，南面的巴城和昆山，西面的莫城镇和吴塔市，东面的双凤镇、支塘镇、直塘镇，都是敌伪据点。这些据点离我们都不过一二十里以至几里的路程。”

自新四军江抗部队离开苏（州县）常（熟县）地区以后，日伪、顽、匪各种武装大有沆瀣一气、卷土重来的疯狂，他们探悉到有一批新四军的伤病员隐蔽在阳澄湖附近乡村的情报后，就时不时地四处搜索，妄图把这些抗日火种彻底扑灭。后方医院每天都面临着各种各样的严峻考验，阴霾笼罩了美丽的阳澄湖。刘飞清楚地记得他刚到后方医院的第三天清晨，房东老大娘急匆匆地进来报信说：“鬼子来啦！”敌情就是命令。年轻的护士们熟练地将盖在他身上的黄被子翻了个面，抬起门板就走。也在这里养病的二连连长吴立夏和新四军六团党总支书记黄烽手握驳壳枪，迅速冲出门，隐蔽在坟堆边，密切关注着敌人的动向。刘飞他们还没走到村头，就听见前村有鬼子在哇哇乱叫，大家又赶紧转身往后村跑，虽然明明知道到后村还隔着一条大河，河上又没桥，仓促间也来不及准备渡船，但是已别无他路可走，只能先走了再说。刘飞一手握着驳壳枪，一手使劲拍打着门板说：“快把我放下，不要管我，你们先走！”刘飞知道光一块门板就很重了，再加上他的体重，累得护士们呼哧呼哧地直大喘气，脚步也放不稳了，可她们还是憋足劲儿往前奔。这时后面的鬼子也发现了前面的情况，但看不清抬的是什么，一边嚷嚷着，一边紧追不放。到了河边，正当焦急万分之际，前面突然传来“快！快！快上船！”的招呼声，只见一位老大爷已将船靠在岸边。等刘飞他们上船后，老大爷连撑几篙，小船很快驶进芦荡深处的港汊中。

每每想起那些艰苦斗争环境中的往事，刘飞将军说，我们30多个伤病员都是丧失了战斗力的人，有的伤势病情很重，不能行动，而且我们又大都是闽东的红军老战士，操着浓重的闽东方言。医院的4位医生和10多位女护士也不是战斗人员。我们没有武装保护，但是我们有血肉相连、生死与共的人民群众！要是没有阳澄湖人民舍身忘我的保护和照拂，我们要在这样险恶的环境里待上一天都是不可想象的。阳澄湖人民对我们的深情厚谊，我们永远都感念不忘！

“只要我们活着，伤病员就不会损失一个人！”

1965年，刘飞第三次撰文《芦荡火种》，刊发于同年9月出版的《萌芽》杂志。将军娓娓道来：“我们的病床都设在大大小小的渔船上。这里既是医疗室，也是交通工具。在情况比较好一些的时候，小渔船可以到张家浜、陆巷、董家浜一带，住上一天半日，补充一些给养。”他特别强调说，“除了医院的正式工作人员，还有无法计算的当地抗日的人民，都在千方百计地为我们的安全和健康，艰难困苦地忙碌着。”但时间稍长，芦荡中有个新四军后方医院的消息还是让日军知道了，敌人一方面对阳澄湖面进行严密封锁，一方面三番五次地下乡“扫荡”或偷袭。

有一天，日军偷偷地从村东袭来，直到逼近村头时，才被村民们发觉。顿时，人们东奔西跑乱成一团。然而，年轻力壮的乡亲们丢开了自己的孩子，硬要掩护我们先转移。我们坚决不答应。正在这时候，枪声忽然大作，而且已很近了。能走动的轻伤员们都跃身而出，加入了村里的自卫队，拿起武器向有枪声的地方迎击过去，准备抵挡一阵，以掩护重伤员撤退。而不能走动的重伤员们抓住手榴弹，大声喊着："能走动的同志快撤啊，你们转移方便，为革命留下火种啊！"可是乡亲们不听，强迫重伤员们躺在门板上，强行抬起，向湖边撤去。当大家撤到湖边的时候，日军已经把村子完全占领了。在燃烧的房屋的火光中，我们看见日军正在捉鸡拉牛。有的日军也发现我们了，开始向我们射击并追过来。正在这火烧眉毛的时候，有一只船从湖面上向我们飞速摇过来。乡亲们把我们送上船，船像离弦的箭一般穿过一片长着树丛的湖湾，脱离了险境。

一次次的转移，一次次的脱险，刘飞将军始终难忘阳澄湖人民拍着胸脯向常熟县委发誓说："交给我们吧！只要我们能活着，伤病员就不会损失一个人！"面对这样一群手无寸铁、耿直无畏的普通百姓，将军心里除了敬重，就是感激。

当年的伤病员黄烽（1964 年被授予少将军衔），在 20 世纪 80 年代初期的回忆中印证了刘飞将军所述。黄烽将军说，江抗全部西撤了，而敌情仍然十分严重。流动医院经常流动在常熟的梅李一带和阳澄湖畔的一些村庄里，依靠当地群众的捕鱼小船作运载的交通工具。有时集中行动，有时分散隐蔽。江抗部队虽然全部西撤了，但敌伪仍不断下乡"扫荡"和搜索我方人员，国民党"忠义救国军"在东路的部队仍在活动。我们的后方流动医院全靠地方党和当地人民群众的保护、照料和供养，才得以保存下来，充分体现了人民群众与我们人民子弟兵之间血肉相关、生死与共的深厚情谊。

在人民群众大智大勇的掩护和亲如家人的护理下，伤病员们得以战胜各种困难，并重建武装，为坚持苏南东路抗战作出了重要贡献。1940 年秋，刘飞随谭震林离开常熟，奔赴新的战场，但芦荡后方医院的故事，阳澄湖人民对人民子弟兵的爱戴，使他一辈子都难以忘记。

岁月如歌

—— 在四师做卫生工作的日子

1943 年 10 月，新四军军部卫生部为加强四师卫生工作，派齐仲桓部长和我[①]、潘太青（安德）、江光权、张凯等 5 人到位于泗洪县半城镇的四师卫生部工作。为此，我中断了在华中医学院的学习，被分配到九旅休养所任所长，潘太青到卫校任教务主任，江光权到十一旅军医处兼休养所所长。

九旅休养所设在安徽省泗阳县龙集镇金圩子村，靠近洪泽湖，这里环境较为安全。我到任时休养所已基本建成，收治了七八十名伤病员，医疗制度还算健全。

我在正规护校受过教育，又长期跟随崔义田、宫乃泉、齐仲桓等医科大学毕业的医生以及中央护校毕业的护士一起工作，深受他们的影响和教

资料来源：曹明．岁月如歌——我在四师做卫生工作［M］// 北京新四军暨华中抗日根据地研究会．铁流（34）．北京：中央文献出版社，2017：287-292.

① 本文是曹明撰写的回忆录。

导，受益匪浅。我去后做了一些调整补充，主要是加强护理工作，要求医务人员尽量正规化管理：把轻重伤员分开，把内外科分开，每个病员都有病历、治疗单，建立了填病历卡、开朝会、交接班、定期查房等制度。每天早晚查房、开处方，按时发药，做到服药到口，换药及进行其他治疗。换药也从下捻子改为引流通畅。对截瘫患者等需特殊护理的，我都亲自操作。当时病员多是从前线转来的较重伤病员，重伤员的特别护理，包括洗脸、喂饭、擦身等，由于护理到位，没有一个患褥疮，这在当时条件下是不容易做到的。我们设有手术室，凡有手术，必须加强术前准备与术后医疗护理。此时伤病员的物质生活条件也有了改善，基本上都睡了高铺，病房整理得井井有条。伙食由管理委员会（包括伤病员代表、医务人员代表和事务长）每周开会研究，订出食谱公示，根据实际情况想方设法调剂改善。重伤员有流食、半流食。除了正常的业务工作，每周用半天安排业务学习，正规化管理和不断改进使医院医疗质量大大提高。每个周末大家到附近村庄的老百姓家里做群众工作，遇到重大节日还召开军民联欢会。医院、休养所里女同志多，自编自演的剧目颇受群众欢迎。由于军民关系较好，在平时和激烈战斗时期新四军伤病员都能得到群众的帮助和支持。

在抗战时期，部队医疗上所需的药材、医疗器械都很缺乏，必须多方设法解决。有的要通过关系到敌占区去采购，有的要自己研究制作，有的可以利用代用品。淮北根据地虽处敌后，受到敌人封锁包围，但水上交通还较方便，我们的同志利用关系，扮成商人，从洪泽湖坐船，经淮河入运河，到镇江、上海去采购药材和医疗器械。当时到敌占区采购物品，多以小麦易货。听九旅卫生部黄修典部长说，有一次他去上海用 100 吨小麦换来不足全旅 3 个月的药材，真是杯水车薪，远远满足不了需要。所以解决药材问题，还是以自力更生、就地取材、找代用品、以土代洋为主。根据当时部队多发病和救治战伤的需要，除破伤风抗生素、磺胺、麻醉剂、外伤消毒药及治疗黑热病的锑剂等必需品要从敌占区采购，其他如普外、普内的一般治疗用药，则自行设法解决，如酵母粉、芒硝、干泡酒等，都能自给自足。没有凡士林制备油膏就用猪油代替，用烧酒代替酒精，自制胶纸代替胶布，用食盐水代替“优琐尔”洗伤口，用双重蒸馏水配制注射液。再如用膏药代替胶布，医治冬日皲裂与夏季疖肿；用甘草、甘遂粉膏药贴肚脐医治疟疾；用炒大麦、山楂医治痢疾、腹泻；用猪肝汤医治夜盲；用硫黄、石灰水治疗疥疮；等等。缺少换药器械（如弯盘、换药碗、灌肠器等）就请当地铁匠用白铁制作，没有高压锅就采用蒸笼等。大家千方百计，克服重重困难想方设法医治伤病员，使他们早日康复重返前线。

比较艰苦的事情要数应对日本侵略者和伪军联合向抗日根据地“扫荡”，部队外线出击，医院立即采取化整为零的办法，编成五六个小组，由一名医务员、两名护理员负责二三十名伤病员，换上便衣，分散在敌占区的群众家里或地窖里——寄留（打埋伏）。医院的女同志装扮成姑娘、媳妇，男同志用白毛巾包头扮成农村小伙子，提个篮子，下面是药品敷料，上面盖上野菜或毛巾，逐村逐户地给伤病员换药治疗。碰到个别群众怕受连累不愿接纳伤病员，我们就做宣传工作并帮助群众挑水、搞卫生，为他们看病、接生，宣讲抗战道理，使这些群众转变认识，乐于收留新四军伤病员。许多群众自愿帮助、照料伤病员，还为他们改善伙食。碰到有敌情或发现坏人要向敌伪告密，老百姓会立即找新四军报告，并主动将伤病员转移到安全地方。实际情况与“沙家浜”戏里的情景非常相似。

1943 年冬天，休养所转移到泗南县洪泽湖边的一个村子，正遇上敌伪大“扫荡”，陆地上查得很严，休养所不得不转移到洪泽湖里，将伤病员分散到湖区的船上，隐蔽在芦苇荡里。每条船上七八名伤病员，有一名医护人员带上少量必需的药品，吃住医疗全在船上。我和一位医务员每天两次乘船巡诊、治疗，了解情况。有一次我上船时不慎落水，爬上船后船老大帮我烤干湿衣服，继续工作。大约10天后，敌人被打退，大家才返回岸上集中。后来，我们又回到金圩子村。

四师卫生部齐部长曾来视察我们所的“寄留”情况，到达时已近中午，他不顾一路风尘立即让我陪同到各病房巡视，逐一检查伤病员。当时我们的伤病员分组住在群众家中，生活和医疗条件比较艰苦。齐部长认真询问每位伤病员的病情和治疗方案，然后告诉我哪些人需调整治疗。直到下午2时左右才全部忙完，吃过饭又接着召开座谈会，他对休养所的工作给予肯定，也提出几点改进建议，针对当时的“寄留”情况，他特别提醒我们要注意敌情，做好随时转移的准备工作。

1944年夏秋之际，我被调到位于洪泽县三河镇三庄（山河涧）的四师卫生部直属第二休养所工作。后来，我患上恶性疟疾，齐部长非常关心，专程赶来看我，他仍然是到每间病房逐一看望伤病员。他对我在两个所的工作都比较满意，曾在师卫生工作会议上予以表扬。

1944年张楼战斗后，韦国清旅长指示，要把后方休养所办成像样的医院，并批给一批战利品，扩建了20间病房和2间清洁卫生的手术室，为我们对伤病员的治疗、管理提供了更好的条件。

1945年8月，我正在淮北区党委第九期整风轮训队学习，8月15日学习即将结束，队部告知大家“鬼子投降了”，大家兴奋极了，又唱又跳，欢乐不止，晚上还加餐庆祝。第二天我们就各自回原单位，我仍回九旅休养所。当时部队即将向山东转移，休养所跟随行动。

1946年，九旅二十六团在一次战斗中伤亡很大，团长严光、政委谢锡玉、政治处主任叶扬及参谋长孙云汉都负了伤，一起转到我们休养所治疗。严光团长伤情很重，右腿已接近坏死，若不及早抢救整条腿就可能保不住。那时所里刚通了电话，我立即向卫生部部长报告，请他速来诊治，黄修典部长立即骑马赶来，检查后决定要立即做截肢手术，当晚就做好术前一切准备。严光不同意截肢，我就做他爱人闫波的工作，征得她的同意后，我们当即在严光的病房里为他做了截肢手术。那间病房很小，原是老乡家的厢房，我们都得紧贴墙壁，没有电灯，就点了几支长蜡烛，加上一盏马灯，病床较矮，我们都弯着腰或蹲着，我当时怀孕已经几个月，一直坚持到完成手术，过后累得我们都直不起腰来。手术很成功，可是术后我们得和闫波一起瞒着严光已经截肢的残酷事实，只说是做了扩创治疗，我每天给他换药时就用掀起的被子遮挡他的视线，他很信任我从未追问过，直到过新年首长来慰问，才告诉他实情，他一见到我就说被我骗了。我们一直相处得很融洽，我的女儿出生后他还给起了名字。每次见面他总说："谢谢你们救了我。"

第二篇

巍峨矗立的丰碑

在抗日战争期间，地跨八省的华中抗日战场上，处处留下了新四军医务人员的足迹和身影。在战场上，他们不怕流血牺牲，开展战场救护，救治了8万多名伤病员，有力地保障了部队的战斗力，鼓舞了部队的作战士气；在根据地，他们走村串户，为人民群众送医送药，治病解困，扑灭瘟疫，留下了许多可歌可泣的动人故事。

在新四军医务人员中，涌现出一大批医术高超、成绩卓著的红色医生。这里有医疗卫生工作的领导沈其震、崔义田、宫乃泉等，有战斗在火线上的女卫生战士丁志辉、傅红渠、薛联、沈静等，还有国际共产主义战士史沫特莱、琼·尤恩、罗生特等，他们和拼杀战场的将士们一样，都是我们敬仰的英雄，是值得矗立巍峨丰碑的红色医生！

在这一章中我们选取了部分成绩卓著的医务工作者作一介绍，这里所记载的每一个人，讲述的每一个真实故事，都值得我们去认真阅读、认真思考，以便从中了解英雄事迹、学习革命榜样、坚定信仰初心、传承红色基因、继承革命传统、汲取无尽力量！

沈其震

沈其震是我国著名的革命家、医学家、社会活动家。他是革命烈士的后代，秉承先人的遗志，毁家纾难，投身于反帝反封建的革命运动。早在1937 年，他便被叶挺军长任命为新四军军医处处长。他组建了高水准的军医院和医疗队伍，在抗日战争中立下赫赫战功。

他是一位杰出的社会活动家，与科学界、医学界以及文化界的中外知名人士有着广泛的联系。在遭到外国严密封锁的 20 世纪五六十年代，他不懈努力，引进了很多留学海外的优秀人才和一批尖端的科学仪器，推动了我国医学科学事业的发展。

他是一位杰出的医学家，在医学、生理学研究方面作出过突出的贡献，成为新中国第一批中国科学院院士。

他是新中国医学科学事业的奠基者之一、中国医学科学院杰出的领导者，中国医学科学院许多科研机构的创建都浸透着他的心血。

资料来源：刘静，黄付敏 . 追忆新中国医学科学事业开拓者沈其震 [J]. 中国卫生人才，2019（07）：54-57.

他还是一位善于团结、爱护和信任知识分子的领导人，得到人们由衷的尊敬和爱戴。受其人格魅力的感召，许多留学海外的游子纷纷回国参加新中国医学科学的开创性事业，其中不少人成长为学科带头人，为我国医药卫生事业作出了杰出贡献。

立志学医 投身革命

沈其震于1906年2月出生于重庆，少年时代便熟读四书五经，擅长书画，精于赋诗填词，可谓多才多艺。1923年，沈其震的母亲周蒲英因患肺结核年仅38岁就不幸逝世。他痛感中国的医学落后，立志学医，走科学救国之路。沈其震慕上海同济医学院之名，中学毕业后即考入同济医学院，当年他仅17岁。1926年春，沈其震和一批同济医学院的进步同学到了革命策源地广州，转入广州中山大学医学院读书。1927年“四一二”政变后，他负笈东瀛，入东京帝国大学医学院学习，获博士学位。

1931年“九一八”事变发生后，他愤而返回祖国，进入北京协和医学院生理科从事神经介质的研究。1934年，根据党组织指示，沈其震到天津法租界开设诊所，供党组织作为地下工作联络点。同时，他以《大公报》医学顾问的合法身份主编《大公报·医学周刊》，还自费创办了《医学知识杂志》，撰写了一系列有关我国古代医学史以及介绍苏联卫生事业的文章。1937年春，华北形势日益紧张，沈其震的行动受限，根据党组织指示，他迅速撤离天津去了上海。

1937年5月，沈其震到上海后积极联络奔走，在上海市卫生局局长李廷安的支持下和浙江兴业银行的资助下，创办了一个社会慈善事业的群众团体——上海健康保障会。“七七”事变后，日军进攻上海，上海健康保障会改为伤兵医院。11 月新四军办事处在汉口成立，叶挺军长任命沈其震为新四军军医处处长，立即着手新四军军医处的筹建工作。

创建一支新型军医队伍

新四军初成立时，基本队伍仅 8000 多人，他们长期风餐露宿，缺医少药，身体素质很差。时任新四军军医处处长的沈其震，意识到要担负起这支队伍的医疗任务，必须首先争取一批政治素质高并在业务上具有一定水平的医生和护士作为基础。

抗战初期，为发展新四军医疗事业，沈其震通过各种途径先后动员了 40 多位进步医护人员参加新四军，还千方百计从一些爱国团体、国际组织那里筹集了大量医药器材输送到新四军，并先后举办了 6 期卫生干部培训班，在很短的时间里便组建了新四军的前、后方军医院。

1941 年新四军改回红军编制，军医处改名为军卫生部，沈其震首任新四军卫生部部长。部队规模和根据地的扩大，迫切要求增配卫生干部，加强卫生工作。沈其震在军卫生部做了题为“目前医务工作的新方向”的报告，精辟地分析了当时我国医药卫生事业落后的根源和人才匮乏的情况，认为今后从社会上大批动员医生和护士参军的可能性很小，必须以百倍的努力，立足于自身发展，有计划地培养大批医药卫生干部，才能满足解放区卫生事业日益发展的需要，并为将来成立新中国做好干部准备。报告充分表达出他坚强的革命意志和高瞻远瞩的科学思想。

1941 年，沈其震将奥地利著名泌尿科专家罗生特从上海带到了新四军根据地。罗生特医生精湛的医术对新四军的卫生工作作出了很大的贡献，给根据地军民留下了深刻的印象。截至 1942 年底，沈其震先后从上海动员化学教授恽子强、药剂师孙方琪和阮学珂等 10 人到解放区工作。他还派承担化验工作的同志到上海学习疫苗制作技术、派药剂师常驻上海为在敌后创办制药厂采购物资；同时，也与上海医学院教务长商定秘密派人去解放区讲学的计划。

1943 年，沈其震奉调带领着一支由 100 多人组成的“文化人队伍”，历时 9 个月，步行 8000 里来到延安。到达延安不久，他被任命担任中央军委卫生部第一副部长。1945 年，他代表华东解放区出席了在延安召开的全国解放区代表大会，后又被任命为全国解放区救济委员会副主任。

揭开了中国医学科学研究新的一页

1948 年 9—10 月，沈其震接到电报称，中央已同意其在大连兴办大学的建议，决定在大连创办理、工、农、医科综合性大学，以培养自己的人才，迎接新中国的成立。沈其震接受任务后，乘国民党政府崩溃在即，不少专家正处于进退抉择的时机，在短时间内从内地和香港地区动员了大批理、工、农、医等各学科的爱国知识分子。1949 年大连大学创立，沈其震担任大连大学医学院院长，此后，他把全部心血放在医学教育及科研管理工作中。

1952 年，沈其震出任中央卫生研究院院长。沈其震结合研究院的实际情况，确定了理论联系实际、科研与防治疾病相结合的科研工作方针，根据当时严重危害人民健康的疾病制定了研究课题，从此揭开了中国医学科学研究新的一页。当时该院研究力量极为薄弱，课题分散，设备奇缺，沈其震又面临着白手起家的局面。他首先抓科研队伍建设，从研究与当时国民经济有关的大问题，如严重危害广大人民健康的寄生虫病、劳动卫生和职业病防治等问题入手，工作局面迅速打开。

建立劳动卫生与职业病研究所。1954 年，沈其震建议成立劳动卫生与职业病研究所，专门从事劳动卫生、职业病、环境卫生等方面的研究工作。这是他主持研究院工作以后组建的第一个研究所，沈其震决定先从一些基本调查入手，在工作中培养一批干部。他完成了严重危害工人健康的一系列有害气体的分析测定方法，制订了最低容许浓度的指标，在各地工矿企业和卫生防疫站得到推广应用。1956 年，沈其震亲自主持了极为棘手的矽肺防治研究，他邀请北京协和医学院多位从事基础医学与临床医学研究的教授，偕同中央卫生研究院的科研人员和学习通风除尘专业的工科毕业生前往九华钨矿山进行现场调查，在当地建立工作观察点，为开展职业病防治研究培养了一批精干队伍。

建立寄生虫病研究所。解放初期，恶性疟疾和血吸虫危害严重，沈其震亲自率队到雷州半岛和海南岛、云南思茅和景宏等恶性疟疾高发区建立研究站和分站，培训当地技术人员，通过对第一手资料的分析研究，找到中华微小按蚊这种恶性疟疾的主要传播媒介，在短期内生产出抗疟药氯喹。由于防治措施有效，恶性疟疾的流行范围逐渐缩小，在高发区被完全消灭。这支防治队伍也成为全国范围内防治疟疾的主力。在沈其震的领导组织下，寄生虫病研究所于 1956 年成立，在当时已成为一个学科齐全、人力充实、设备完善、图书资料丰富、在国内外享有盛名的科研机构。

创建我国第一个抗菌素研究所。20 世纪 50 年代，中国抗生素研究事业倾注了沈其震大量心血。由于青霉素和链霉素相继问世，作为医药科学的新兴领域，抗生素研究与发展生机蓬勃。沈其震高瞻远瞩，决心在当时的中央卫生研究院组建抗生素专业。他四处奔走，把国际知名的抗生素专家张为申教授调入中国医学科学院进行抗生素研究，1956 年以卫生部生物制品所抗生素室和中央卫生研究院真菌室、生化室的部分人员为基础，组织力量成立了抗菌素系，1958 年成立了我国第一个抗菌素研究所。短短几年，一批重要的抗生素陆续由我国生产，为全国控制感染性疾病掀开辉煌的一页。1987 年抗菌素研究所改名为医药生物技术研究所。

创办医学生物学研究所。1958 年国内脊髓灰质炎流行，严重威胁千百万儿童的生命和健康。根据“中苏科技合作协定”，沈其震决定在云南建立猿猴实验生物站，开展以猿猴为对象的医学生物学研究工作，他亲自去云南，在荒山野岭之间选出西山花缸洞为建站地点。由于 1960 年前后我国正处于经济困难时期，医学生物研究所的工程困难重重，沈其震千方百计突破封锁，从国外购得钢材运到昆明，又到上海解决冷冻机的马达问题。在他的支持下，医学生物学研究所基建项目顺利竣工，截至 1960 年底，就完成 2000 万份疫苗的生产任务。

1956 年 8 月 11 日，中央卫生研究院正式更名为中国医学科学院，沈其震任第一任院长。1958 年，一座新型的、现代化的综合性研究新药和中草药的研究机构——药物研究所诞生了，这里凝聚着沈其震大量的心血。同时在原中国医学科学院病理系、生理系、生化系和实验动物学系四个系的基础上，正式建立了实验医学研究所，后改名为基础医学研究所。1959 年，又成立了放射医学研究所等。这时的中国医学科学院已经成为具有一定规模、组织健全、具备独立攻克科研难关能力的医学科学研究学府。这些都饱含着沈其震的心血。

沈其震长期从事内科和生理学等医学研究工作，在条件反射理论和神经递质方面有深入的研究。基于他的学识，1955 年，新中国的中国科学院首次评选学部委员时，沈其震当选为中国科学院生物学学部委员，成为全国医药卫生界来自解放区的老干部中“中科院学部委员”第一人。

沈其震站在医学科学的前沿，孜孜不倦地为新中国创建一支强大的医学科学力量而奉献自己的一切，为中国医学科学院的完善和发展，先后亲自规划、亲手组织，创建了十多个研究所，使中国医学科学院得到迅速发展，沈其震的贡献和功绩将永载在中国医学科学院的历史长卷中。

崔义田

崔义田，号礼门，辽宁省锦西县人（现葫芦岛市连山区），1906年9月生，1935年毕业于辽宁医学院。1938年参加新四军，1940年4月加入中国共产党，先后任新四军后方医院院长、新四军江南和苏北指挥部军医处处长、华中新四军和八路军总指挥部军医处处长、新四军卫生部副部长、新四军兼山东军区卫生部部长、华东野战军和华东军区卫生部部长、第三野战军后勤部卫生部部长。新中国成立后，历任上海市卫生局局长、华东军政委员会卫生部部长、国家卫生部副部长兼北京医院院长、国家卫生部顾问等职。曾当选第四、五、六届全国政协委员、国际外科学会会员、中华医学会副会长、《中华外科杂志》总编辑。

资料来源：李勤．军中医圣——杰出的战伤外科专家、卫生勤务专家、医学教育家崔义田[J].党史纵横，1997（11）：23-25.

一

崔义田小时候勤奋读书，小学毕业成绩很好，父兄很高兴地送他到高桥镇读高小。高小毕业后读奉天省立第四师范学校。师范毕业被聘任为锦州育贤中学语文教师。任教一年后经同学介绍、父兄大力支持考入辽宁医学院学医。

1931 年“九一八”事变，崔义田目睹沈阳城一夜之间被日本、关东军占领，当时最紧迫的问题是有些同学和家庭失去了联络，生活费成了问题。崔义田和几位同学商量成立“一分会”。每人每天节省一分钱，集中起来，帮助生活有困难的同学。虽然这个组织是自发的互助组织，但日本宪兵和伪警察怀疑医院里有中共组织指挥。为此，1935 年 10 月，敌伪宪兵警察突然对学院和附属医院大肆搜捕。这时的崔义田由于学习成绩优秀留任附属医院外科住院医师，敌伪怀疑“一分会”是中共外围组织，把崔义田当成中共党员抓捕，并对崔义田严刑逼供。而崔义田始终坚持“一分会”是同学们的互助组织，自己又不是共产党员，后由于敌伪没查出真凭实据，加上同学、亲友保释，敌人不得不释放崔义田。但敌人无故抓人，不把中国人当人看的行为，激起了崔义田反满抗日的决心。1936 年春，他毅然离开了工作条件优裕的学院附属医院，和几位同学进关，寻找共产党、八路军，先后辗转北京、山东、南京、河南、湖南等地。1938 年春，从湖南湘潭找到八路军驻长沙办事处，经徐特立介绍直奔南昌参加新四军。

二

1938年初夏，新四军军部移驻皖南经县云岭一带，在太平县小河口成立新四军第一所后方医院，崔义田被任命为第一任院长。小河口位于青弋江上游，自然环境优美，但物资条件极差。崔义田在叶挺军长的关怀和军区处长沈其震的领导下，带领刚刚离开大城市的医护人员，自己动手，就地取材，把一座旧祠堂改建成门诊部、化验室、手术室、病房、病人浴室等一应俱全的医院，并在部队的帮助下，新建了几排用竹皮子当墙、茅草做顶的病房，总共有200多张床位。而且建立健全了各项医疗规章制度，整个医院工作有条不紊，秩序井然。中国红十字会医疗救护总队大队长何鸣九医师以及国内知名医学专家、教授到这里参观，都给予充分肯定。美国进步作家史沫特莱听说新四军有个后方医院，急切要求参观，兴奋地把这个新医院誉为她在中国各战区看到的最好、最正规的伤兵医院。1939年3月，周恩来到医院慰问伤病员时对崔义田说："你们在战时，在山沟里能建成这样一个医院，很不容易啊。"

1939年，因前方医务工作任务重，又缺乏懂得医务技术的领导干部，崔义田奉命带领一部分医务人员由皖南赴江苏溧阳水西村新四军一支队驻地。不久，新四军原一、二支队合并，成立江南指挥部，崔义田被任命为军医处处长兼前方医院院长。为适应敌后战争环境，根据支队领导的指示，他首先配齐了所属团、营卫生干部，健全了部队卫生机构，然后又在驻地新建了一所神塘圩医院。在面上工作铺开后，他一手抓医院建设和干部培训，一手抓部队卫生防疫工作，在驻地军民之间广泛进行卫生宣传教育，普及卫生常识，发动军民改善卫生环境，有效地控制了疫情，提高了部队卫生工作水平，保障了指战员的身体健康。

1940 年 6 月，主力部队渡江北上，开辟苏北抗日根据地，为保证伤病员的安全，崔义田组织医务人员把伤病员分散隐蔽在群众家里，崔义田和医务人员换上便衣，走村串户巡回医疗。日寇“扫荡”时，他们就组织伤病员坐上早就准备好的船只转移到芦苇荡。同年 7 月，为巩固江北抗日根据地，根据黄桥决战的需要，崔义田立即在前后方医务部门进行思想动员，要求大家明确这次战役的重要意义，树立必胜信念，克服一切困难，做好战前准备。同时，为加强一线救护人员的训练和做好急救药品器材的准备，崔义田把医务人员按战伤分类进行分工，组成轻重伤病房，提出“前方不丢掉一个伤员，后方尽力治好每一个伤病员”的号召。战斗打响后，伤员较多，在三天三夜的战斗中，收治伤员千余人。崔义田白天在病房，晚上在手术室，常常是一个手术刚刚完成又紧接另一个手术。他做手术时总是一边做一边教，凡是给他当助手的人都说做崔部长的助手能学到书本上学不到的东西。他到病房看到医护人员操作有缺点时就亲切指导，耐心教育。

1941 年 1 月，“皖南事变”后，中央军委发布重建新四军军部的命令，崔义田被任命为新四军卫生部副部长。在此期间，他和沈其震部长、戴济民副部长一道先后创办了华中卫生学校、华中医学院和新四军军医学校，为各师创办了地区卫生学校和军医干部轮训队(班),很快形成了上下结合，新训和轮训结合，学校教育和在职培训结合，高中初分层次的医务工作教育体制；组建了军师旅团医院和医疗所近百个，团以上休养所 120 多个；制定了各级卫生组织工作制度；规定了各级卫生组织的职责、制度、规则和条例，使新四军卫生工作进入了一个新的发展阶段。

1943 年初，崔义田被任命为新四军卫生部部长。在一手抓主力部队卫生工作建设的同时，他又十分注重抓地方武装和地方政权的卫生工作建设，选派大批医务干部组建和充实地方卫生机构，成立县休养所、卫生所及少数县医院，既为民治病，又为战时准备了医疗力量。

1945 年，在新四军二师与国民党顽军的黄疃庙战役中，身为新四军卫生部部长的崔义田带领部分专家和卫生干部轮训队的部分学员组成的手术队，从津浦路东通过敌人封锁线到达路西二师前线指挥部后方医院，不顾一昼夜急行军的疲劳，稍事休息后即投入紧张的战救准备工作，听汇报，到病房、手术室检查落实情况。战斗开始后，800 多名伤员络绎不绝地从前线下来，崔义田亲自参加手术。为抓住救治良机，连续几昼夜不能休息，有时连饭都顾不上吃，而且敢于承担重要脏器伤、失血过多、呈休克状态的重伤员的抢救任务。他经常教育医务人员说：这些伤员是九死一生，如果不及时抢救，将会百分之百地死亡，如能积极抢救，虽只有百分之一的成功希望，但成功了就是百分之百的胜利，就挽救了一名阶级兄弟的宝贵生命。他还经常深入病房，观察伤员的伤情，有时就守在病床边，有时还亲自给伤员喂水、喂饭、端大小便。在他的带领下，一批批伤员从死亡线上被抢救下来。在整个抗日战争时期，新四军共救治 8.5 万余名伤病员，保障了部队战斗任务的胜利完成。

三

1946 年 6 月，崔义田奉命从山东临沂到淮安，会同齐仲恒、李振湘，对卫生力量做统一调整，扩建了原有野战医院，做好了卫生部领导的分工，布置了物资供应等。

1947 年 1 月，华东野战军和华东军区成立，崔义田任卫生部部长。为适应大规模运动战的需要，崔义田同李振湘等认真总结了以往战争卫生工作经验，特别是战勤救治方面的经验，建立了伤员转送站、野战医院、后方医院和荣军医院等一套医疗机构和工作制度；根据第二次世界大战中各国先进的战伤技术，创建了华东白求恩医学院和华东医学院，举办了不同层次的卫生学校和卫生干部培训班，为提高医疗技术水平，提高治愈率、降低残废率和死亡率打下了基础。为解决部队的药品器材供应，崔义田在华东军区卫生部还组建了新华制药厂（现山东新华药厂），自己生产医药器械、血清疫苗、化学药品，保证了战伤保护、外科手术的需要。

在三年解放战争中，崔义田带领前后方医务工作人员，在一切服从战争这个大局的思想指导下，顺利地保障了昌潍战役、济南战役、淮海战役、渡江战役和上海战役中伤病员的收治工作，共收治伤病员 43 万多人，治愈归队达 26 万多人，获得部队首长充分肯定。

四

1949 年 5 月 25 日，上海还没解放，崔义田就进入硝烟弥漫的十里洋场，以中国人民解放军上海市军事管制委员会卫生处的名义，负责上海市医药卫生及卫生教育机构接管工作。他一面继续指挥华东各部队的伤员救治工作，一面依靠我地下党的同志认真贯彻执行党中央关于接管城市工作的指示，使卫生机构的接管工作顺利进行，使医疗、教学和药品及器械生产正常进行。同年 6 月 27 日，政务院委任崔义田为上海市卫生局局长。在上海市委、市政府的领导下，他带领全市医务卫生工作者同传染病、性病及吸毒进行了不懈的斗争；开展了对粪便、垃圾的大规模清除，整治了全市环境卫生。从接管到改造上海，他夜以继日地忘我工作，使上海市的卫生工作进入了一个新时期。

1950年，崔义田被任命为华东军政委员会卫生部部长。在中央统一部署之下，他动员华东地区雄厚的医务力量支援内地医学建设。从1949年10月起，他动员东南医学院迁往安徽，组成安徽医学院（现为安徽医科大学）；将同济医学院迁往武汉，组成武汉医学院（现为同济医科大学）；将上海市第一医学院一分为二，组建了重庆医学院等，顺利完成了合理调整沿海与内地的医学教育布局。他在华东期间领导五省一市的卫生工作，无论是城市或农村，医疗或预防，中医或西医，都有很多成绩，特别是在同传染病和寄生虫病作斗争方面国内外都有极高评价。华东卫生部机关建设、工作效率和秩序都是有口皆碑的，但崔义田在成绩和赞扬声中，始终保持谦虚、谨慎的作风。

1954年4月，崔义田调国家卫生部任副部长，分管医学教育、外事和干部保健工作。在此期间，他认真贯彻中央各项指示，深入基层，为全国医学教育、科研工作倾注了大量心血，建立起多层次、多种形式的比较完整的教育体制；他领导编写了各类医学院校的教学计划、教学大纲及教材工作。还同郭子化一起筹办了四所中医学院，积极推进中西医结合，为新中国的卫生事业作出了巨大贡献。

宫乃泉

宫乃泉，抗日战争时期曾任新四军卫生部副部长。辽宁省营口市人，1928 年考入奉天医学院后，就积极参加抗日救国运动。“七七”事变后，他找到了共产党的部队，1937 年参加了新四军，受到了叶挺军长亲切的接见。1938 年 2 月，在南昌与沈其震同志一起组建了新四军军医处，他担任军医处主任。1938 年春，宫乃泉随军部从江西来到皖南岩寺和云岭，与沈其震同志一起创办了南堡村前方医院和小河口后方医院，宫乃泉兼任南堡村医院院长。为了办好医院他因地制宜地制定了一整套严格的规章制度，如巡视、日夜值班、发药护理、消毒无菌、手术及伤员伙食制度等。他自觉带头遵守执行，坚持每天巡视病房、亲自为伤病员换药、喂饭，甚至拿便盆，并经常对医护人员说：“伤员是在前方为了打日本鬼子而负伤的，我们要对伤员的病情认真负责，要一丝不苟地进行治疗护理，使他们早日康复，以便早日重返前线……”在建院的同时，他看到部队中有不少未经

资料来源：徐锡权．忆宫乃泉［M］// 北京新四军暨华中抗日根据地研究会．铁流 16．北京：解放军出版社，2010：171－179.

训练的卫生员，便决定筹组卫生干部训练班，把他们集中起来培训，先后共办了 3 期，培养了 100 多人，使他们都掌握了一定的医学基础理论及疾病的防治知识。

1939 年 9 月，为了开辟和发展抗日根据地，坚持敌后斗争，新四军先后成立了江南和江北指挥部，宫乃泉奉命到以张云逸为总指挥、邓子恢为政治部主任的江北指挥部，组建军医处。1940 年 10 月，经邓子恢、罗炳辉同志介绍，宫乃泉同志光荣地加入了中国共产党。次年，他与从湖南长沙仁术医院护校毕业，1928 年入伍、1936 年入党的刘球同志结婚，她不仅成了他的革命伴侣，而且也是他医疗工作中的得力助手。

1941 年发生了“皖南事变”，党中央命令新四军改编为 7 个师，江北指挥部配属部队改编为第二师，原军医处改编为二师卫生部，宫乃泉任卫生部部长。由于我军医疗水平低，医务人员少，药品器材奇缺，在党委的领导下，宫乃泉首先抓住培养人才这一环节，决定开办卫训班。经过他的筹划，当年 11 月份训练班开学了，张云逸同志亲自参加了开学典礼，学员从各部队抽调，每期培训 6 个月，先后培养了 6 期(其中包括一期高级医务干部研究班)，共培养了 300 多名基层卫生骨干。这期间，他集部长、医生、教师于一身，既要管全师的卫生行政工作，又要管病房的手术、医疗、护理工作，还要每天不停地给卫训队备课、讲课，整天忙个不停。

1944 年春，宫乃泉奉命调入新四军卫生部任第一副部长，与老同学、老战友崔义田部长配合，共同战斗。到任后的第一件事就是举办军卫生干部训练班，下辖医训、药训、化训 3 个班，医训班主要轮训全军团以上卫生领导干部，药训和化训班专门培训和轮训各专业干部。3 个班共 86 人，学期为半年以上。为落实陈毅同志 1941 年提出的“可以办个医科大学”的指示，军卫生部沈其震部长于1942年来淮南二师与宫乃泉部长一起创办了华中医学院。办了两个月，后因日寇大“扫荡”和中央精兵简政的指示，该院决定停办。至1944年，日寇在太平洋和中国战场连遭惨败，军卫生部抓住这个有利时机，经军首长批准，决定办军医学校(后改为华东白求恩医学院)，由宫乃泉领导建校工作，得到了上海地下党的支持，动员了沈霁春、江上峰、邢其效、苏醒、方春望、黄志尚等专家教授来院讲课，由江上峰任军医学校校长，招考了一批高中毕业生和江淮大学转来的同学，共64人成第一届学员，在1945年5月12日国际护士节，举行了隆重的开学典礼。宫乃泉的办校方针是一切为了战争的需要和理论联系实际。在第一届和第二届同学学习的过程中，一旦战斗打响，就奔赴前线抢救伤员，战斗间隙休整，又都集中复课。学员在几年学习中，先后参加过十几次前线抢救伤员的战斗，如路西反顽战斗、两淮战役、两次鲁南战役、胶东战役、潍坊战役、济南战役、苏北益林战役、淮海战役、渡江战役、上海战役、挺进浙闽战役、舟山战役、解放大西南战役等，使同学们在前线收容所、手术队、野战医院、后方医院、防疫大队中得到了实际的锻炼，很快将课堂上学到的理论知识密切地与战斗实践结合起来，使白求恩医学院毕业的同学，大多成为我军卫生战线上的骨干。

宫乃泉同志几乎每次战斗都带领学员组成前方医院或手术队到前线救护伤员，并经常强调“必须把手术点尽可能地靠近前线，以缩短从负伤到救护之间的时间，这样可能会增加救护人员的伤亡机会，但这可能增加伤员成功的救护和存活的机会达几倍或几十倍”。例如，1945年9月淮安战斗时，他就亲自带领大家将救护所设在离攻城突击点不到2华里的园明寺内，使伤员可以迅速得到手术、止血、包扎和固定等最佳救护。他在总结自卫战争中治伤工作的经验中写道："尽量把手术队设置在靠近火线的地点，以便争取时间。在历次的攻坚战中，像解放潍县、兖州、济南以及淮海等战役，前方手术队的位置，只离火线七八里路，在伤后两小时，伤员就能送到而施行救治。重伤医院离火线不过 10 公里，腹部伤员在 10 小时内就可在重伤医院得到手术治疗。"他经常不顾自己的安危。在解放潍县战役中，在离火线很近的手术队，连续进行手术三天三夜，最后晕倒在手术台前。

从抗日战争到解放战争，我军始终在极其困难的情况下进行作战，尤其是药品器材奇缺，加上敌人的封锁，宫乃泉同志利用各地下党的关系，从敌占区购买，从联总获得部分救济。抗战胜利后，经部队领导的联系，由宫乃泉亲自到大连，接收了一部分从日寇收缴的药品器材，并为我军建立药厂打下了基础，这就是新华制药厂的前身。该厂生产常用医疗器械和药品，补充华东军区、野战军的需要，在解放战争中发挥了很大的作用。

在战争年代尽管工作很忙，但他善于支配时间，很有秩序，高效率地工作，挤出一切可以利用的时间，坚持看书学习，包括政治、业务、文艺和历史等的书籍、杂志，不断提高自己的政治、业务和领导素质，真正做到见缝插针，手不释卷。他行军时骑在马背上看书，还经常委托到上海采购的同志，购买近期从国外进口的医学书刊。记得在临沂时，他请示领导批准，用 100 头肥猪的钱，从上海买来一批书刊。他亲手创办了一座具有相当规模的图书馆，以供在职医务人员和医学院、护校和各种训练班的师生阅读，同时在 1941 年他还创办了《医务生活》杂志，介绍各种战伤的救护和各种常见病的预防和诊治的最新进展。他还经常为该杂志撰稿，几乎每期都有他的医、药、卫生方面的文章，不断为部队医护人员提供新的知识和新的技术。据统计，他为该刊共写了一百几十万字。

1948 年 10 月，济南解放后，他兼任山东军区卫生部部长，将白求恩医学院、原山东省立医专和齐鲁大学医学院合并,成立了山东医学院(现为山东医科大学)，由他兼任该院的第一任院长，他动员了一批专家学者来医学院工作，对医学院的建设起到了重要的作用。同时，在他的积极领导下，组建了山东省卫生厅，并兼任第一任厅长，同时兼任省立医院院长。

1949 年渡江胜利，上海解放，宫乃泉同志组织上海医学专家，参加预防和治疗血吸虫病，许多受感染的指战员很快得到恢复重返前线。

1950 年他任华东军政委员会卫生部副部长，仍把医学教育、培养人才放在第一位。兼任上海第一医学院院长时，又将圣约翰大学医学院、震旦大学医学院、同德医学院合并为第二医学院，由他兼任第一任院长，他为搞好上海医药卫生界各派人士的团结做了大量工作。

1951 年，中央军委授命宫乃泉同志筹建中国人民解放军军事医学科学院，他以富有远见卓识、深谋远略的组织才能，使筹备工作高速开展。同年“八一”，军事医学科学院正式成立，他任第一任院长。他从国内外聘请了许多著名专家来院工作，如著名有机化学家黄鸣龙和汤腾汉、外科专家沈克菲、生物学家林国镐和胡经甫、生理学家朱壬葆、病理学家吴在东、化学家张其楷、寄生虫学家吴光、药理学家周廷冲、昆虫学家柳支英和陆宝麟、微生物学家谢少文、营养学家侯祥川和王成发等，并聘请沈克菲教授为副院长。经过他苦心筹划，成立了包括化学、生理、病理、放射、生化、创伤、细菌、寄生虫、药理、流行病等在内的十多个系别。

1953 年 8 月，中央军委任命他为总后卫生部副部长，分管军事医学科学院、医学教育、军事医学书刊出版以及解放军总医院的组建工作。

1956年9月，由他担任团长，组织了40余位教授的中国军医代表团赴苏联参观访问，加强了军事医学科学院的建设，拓展了军事医学的研究领域。

1959年初，受反“右倾”斗争的影响，宫乃泉被调到西藏军区后勤卫生处工作。他忍着内心的痛苦和折磨，以党的事业为重，在海拔很高，严重缺氧，条件极为艰苦的西藏开展工作，为筹建西藏军区总医院，在交通不便的条件下，不辞辛苦地往返北京—拉萨之间，在他的苦心策划和亲自指挥下，终于建成了第一流的建筑、设备，第一流技术、人才的军区总医院，总医院为西藏部队卫生保健事业的发展和边防部队伤病员的医疗预防起到了积极的推动作用，他曾很有风趣地说：“能为西藏部队的建设做一些有益的事，就不虚此行了。”这正体现了他不计个人荣辱得失，始终以党的事业为重的崇高精神。但最后因为过度劳累而发生胃大出血，才被送回北京治疗，后来经中央军委批准，才将宫乃泉同志于1961年末，由西藏军区调沈阳军区任卫生部副部长，1962年任部长。他到任后，首先发现东北部队、医院的业务技术人才数量少、质量低，与兄弟军区比较有一定差距，因此，必须首先解决技术人才问题。他在短短三四年时间里从地方医学院校要来800多名大学毕业生，充实到军区各医院、各医疗卫生单位。同时，创建了军医学校，1963—1964年共办了两期军医大专班和一期高级化训班，一期高级护理班，并且抓紧以“救死扶伤，实行革命的人道主义”为中心进行医院管理。为提高医务人员的医疗技术水平，扩充了医院图书馆的建设，为了加强部队卫生工作，他还组织举办了两期师（团）卫生科（队）长训练班，并认真贯彻了“预防为主”的工作方针。

宫乃泉同志是一位赤胆忠心、富有才华的好领导，他为党的卫生事业作出了巨大贡献，他一生胸怀坦荡，光明磊落，直言不讳，疾恶如仇，能团结同志，工作中富有开拓创新精神。即使他身处逆境，由于他对党的无限忠诚，仍能忍辱负重地工作。在下放到西藏军区和调至沈阳军区卫生部工作期间，仍开创了卫生事业的新局面，体现了一个共产主义战士的高贵品质。

王聿先

父亲王聿先离开我们已有 19 个年头了[①]，但他的音容笑貌却依然清晰地印在我的脑海中，久久不能忘怀。

从 1937 年投身抗战，到 1997 年魂归道山，60 年革命生涯中，在新四军浴血奋战那段时间，是他晚年常常挂在嘴边的话题。他讲陈毅伯伯对他的关怀，谈“皖南事变”后伴囚叶挺将军的遭遇，说上饶集中营被关押的经历，但很少谈及他自己的作为。

1998 年，父亲去世一周年后，他的老战友、老朋友以及他在新四军时期所培训过的学生，写出大量回忆文章，编辑出版了《王聿先纪念文集》。从叔叔阿姨的陈述中，我才知道，父亲是新四军医疗卫生工作的创建者之一，他主持筹建的新四军医院，是抗战时期少数比较模范的医院之一。他在战火中因陋就简，筹办了多期医疗培训班，培养了大量人才。

资料来源：王小敏．新四军医疗事业的奠基人王聿先[J]．炎黄春秋，2016（5）：76-79.

① 本文是王小敏撰写的纪念父亲王聿先的文章。

中断学业，抗日从军

1909 年，王聿先出生于没落地主家庭，1927—1934 年就读于沈阳辽宁医学院（俗称小河沿医学院），是当时中国举办较早的优秀的英国教会医学院之一。

在校期间，父亲经常阅读进步书刊，探求救国真理。1931 年“九一八事变”后，一部分同学与家庭失去联系，生活困难，父亲和其他进步同学发起成立“一分会”，父亲任会长，号召同学每天捐献一分钱帮助敌占区困难的学生，为此遭到日本特务的怀疑，认为“一分会”是共产党组织。

1934 年毕业后，由于成绩优异，父亲被留校任教。留校后，他随即被安排到华西医科大学口腔科进修。与此同时，日本特务对“一分会”的侦查也没有放松。侦查过程中，他们认为父亲思想进步并参加抗日活动，对他实施逮捕。父亲因已被派往华西医科大学进修而逃过一劫，但进修也被迫终止，不得不和医学院脱离关系，自谋生计（当时日寇缺席审判父亲并判刑 15 年）。

而父亲的好友崔义田叔叔（1949 年后任国家卫生部副部长）却为此遭殃，有人告密，说崔义田事先知道王聿先的作为而不报，日本宪兵抓走了崔义田。义田叔叔在狱中受尽折磨，但没有供出父亲，也没有连累学校。因没有证据，日本宪兵只好释放他。后来，父亲知道这些情况后，给义田叔叔写信，表示不安。这成为他们维持半个多世纪友谊的一个因素。

1937 年“七七”事变后，王聿先和同学宫乃泉、齐仲桓决定投身抗战，参加共产党的队伍。他们给延安写信，提出到延安做医务工作。延安方面回信告诉他们：汉口有新四军办事处，新四军和八路军都是共产党的部队。于是，三人来到汉口，报名参加新四军。

参军后，父亲写信给已经在湖南工作的崔义田，邀他一起来。义田叔叔马上到长沙新四军办事处向徐特立请求参军，并随后到南昌军部。这样，四位同学好友又相聚在了一起。他们以自己的专业知识，为新四军的医疗卫生建设作出了贡献。

其实，父亲和这三位同学完全可以像其他同学那样，或留在后方医院工作，或参加国民党部队拿着少将、中将军医的俸禄，但在那个全民抗战的岁月，那些军医也是在为抗日尽力的岁月，他们四人却选择了一条当时摆在中国知识分子面前最艰苦，最具牺牲精神的道路：到中国共产党领导的抗日战场去。父亲的人生，也由此充满曲折和艰辛。

创建新四军的医疗卫生事业

1937年，王聿先在武汉参加了筹建中的新四军，并任新四军南昌军部军医处医务主任。1938年春，根据中央的安排，南方八省红军游击队集中于安徽歙县岩寺整编，组编成新四军四个支队。

在第一支队准备开赴江南茅山时，父亲递上请求随部队上前线的报告，成为新四军第一个上前线的医师。

父亲说，当年，陈毅有个著名也比较超前的观点："卫生工作也是战斗力。"他和父亲交谈时，多次谈到军事史上因为传染病流行影响战斗力的战例，强调做好卫生工作的重要性。

在指示下，父亲在军中设立卫生课，普及卫生知识，预防疟疾、回归热、痢疾等疾病；建立公共卫生、厨房、饮食卫生制度，开展伤寒、霍乱、牛痘的预防和接种；部队配发毛巾、肥皂、牙刷、牙粉、口杯和雨具。这在20世纪30年代的贫穷落后的中国，在日本占领区农村水乡，不能不说是一个奇迹。

有战斗就有伤亡。父亲认为，要更好地救助战士，必须建立前方医院。1938 年 9 月 10 日，父亲在茅山下九龙堂建立了一支队前方医院，开始集中救治伤员。

当年在医院工作的周振欣叔叔说：“王聿先是新四军一支队和江南茅山抗日民主根据地卫生工作的创建人”，“是新四军医师中最接近火线、最早研究战伤治疗的人。他的精湛技术，在战伤治疗中得到了最充分的发挥，取得了惊人的效果，对部队的震动和教育很大，令人大开眼界。山上下来的老红军感叹道：如果过去在山上，早活不成了，现在还能治愈归队，真是神医啊”。

1938 年 10 月，父亲加入中国共产党。

1939 年，父亲被调军部军医处任副处长并主持工作。在军部军医处的领导岗位上，父亲以高超的医术和较强的组织协调能力，赢得了同志们的信任，既团结了同志，又解决了矛盾，使军部军医处的工作迅速走上了正轨；他因陋就简创造性地建立了新四军战地医院，大凡重症伤员，父亲均亲自诊治或主刀；为了解决医务工作者紧缺的局面，父亲分期分批开设了大量的培训班，并亲自授课，金针度人。他深入浅出、通俗易懂的讲课风格，深受广大学员欢迎，每期学员毕业后，都成长为新四军战伤事业的中坚和骨干。父亲还为部队驻地附近的百姓治病，不仅密切了军民关系，还提高了民众的抗战热情，为此还受到新四军政工部门的表扬。父亲组织部队开展卫生保健工作，诸如驻地的环境卫生、饮食卫生、战士个人卫生等，在广大指战员中普及卫生知识，以减少疾病，增强体质，从而提高部队战斗力。

父亲不仅是第三战区赫赫有名的大医生，更是新四军医学教育、战伤外科和军队卫生教育的创始人和奠基人之一，为新四军的医疗卫生事业作出了历史性贡献。这是一段父亲引以为豪的历史，更是一段父亲为抗战奉献热血、知识和才干的历史。但是，后来发生的“皖南事变”，彻底改变了父亲的命运，把父亲推向了历史的深渊。

陪伴叶挺作楚囚

1941 年 1 月，国民党反动派发动震惊中外的“皖南事变”，新四军军部及直属部队 9000 余人，除 2000 余人在新一支队司令员傅秋涛的率领下突围外，大部被俘或阵亡。父亲作为随从医官，陪同叶挺军长下山与国民党部队谈判，随即遭国民党宪兵扣押，并被关押在上饶地区李村。父亲在此陪伴叶将军一年多时间，后来叶将军被转移至重庆白公馆关押，父亲也被转移到上饶集中营石底监狱，和黄诚（新四军政治部秘书长）、李子芳（新四军政治部组织部长、上饶集中营秘密党支部书记）及徐锦树（新四军第三支队五团团长）等人关押在一起。

上饶集中营是“皖南事变”的历史产物，是国民党政府于 1941 年 3 月在江西上饶周田、茅家岭、李村、七峰岩等地设立的一座规模庞大的监狱，主要囚禁“皖南事变”谈判被扣的新四军军长叶挺，还有弹尽粮绝后被俘的新四军排以上干部、部分从东南各省抓来的共产党员和其他爱国进步人士计 760 余人。负责管理的是军统康泽系特务，国民党第三战区特务团共派遣一个加强排担任看守，监狱门外有荷枪实弹的卫兵日夜站岗。

《叶挺将军传》一书中记载说，叶挺将军被关押在李村，他提出自己需要专门的医生随身照顾。顾祝同要派医生来，叶挺提出，他自己的医生、新四军军医代处长王聿先就被关押在七峰岩，要王聿先为自己看病。顾祝同没办法，只好下令解除王聿先的镣铐，押到李村来见叶挺。这样，常常与叶挺聚会的，又多了王聿先。

叶挺非常关心几个年纪比较大的新四军领导干部的健康状况，几次提出让王聿先给他们看病，都遭到监管特务的拒绝。后来，新四军政治部秘书长黄诚患急性阑尾炎，因他拒绝写悔过书，痛得死去活来也不给医治。叶挺大发雷霆，逼着特务同意王聿先去救治，结果不但挽救了黄诚的生命，而且打破了王聿先不能为难友治病的禁律。此后，父亲可以公开为难友治病。当时春夏之际，回归热、斑疹、伤寒和疟疾等传染病十分猖獗，大批同志得病，有的还因此丧命。父亲千方百计和国民党当局交涉，想方设法弄来药品，以他精湛的医术，挽救了不少同志的生命。

据纪白薇同志回忆："浙赣事变"后，日寇沿浙赣铁路推进，国民党第三战区撤退了，上饶集中营也随之向闽北转移。临行前将五个中队和特训班合成为 6 个中队。三中队和六中队内定为顽固队，聿先同志编在六中队。行军途中，党组织决定选择有利地形举行暴动。聿先同志参加六中队党支部研究暴动计划。当六中队行进到崇安赤石，渡过崇溪河到达对岸时，负责军事指挥的同志一声令下，全队同志立刻呈扇形越过丘陵地带向山上跑去。聿先同志已跑出 2/3 的危险区，终因年纪大，身体弱，掉入深沟和大家失散，第二天被国民党宪兵捆绑押回。

赤石暴动以后，有消息说王聿先已牺牲，为此新四军军部还专门召开父亲追悼会，由时任政治部主任的饶漱石致悼词。

由于父亲当时是国民党第三战区内赫赫有名的大医生，加之美军第十四航空队陈纳德将军向重庆政府指名要父亲去当医生兼翻译，1944 年 9 月由一位大学同学担保，国民党当局把父亲释放了。

重新入党

从上饶集中营出狱后，父亲失去了组织关系。1949 年父亲在镇江基督教会医院工作。不久，人民解放军发起渡江战役。战役结束后，陈毅伯伯在丹阳得到父亲在镇江的消息，随即派崔义田叔叔去接父亲回来。

当时父亲已脱党几年，但陈毅对老部下非常信赖，继续委以重任：父亲以非党人士先后任华东军区卫生部医务主任，上海市军管会卫生处主任秘书，山东白求恩医学院教育长兼山东省卫生厅医务主任，上海市卫生局副局长、局长等职。

1956 年谭震林伯伯到上海视察工作时，指示时任上海市委第二书记的陈丕显叔叔解决父亲的重新入党问题。1957 年时任上海市委教育卫生部副部长的赵行志和时任上海卫生局党委书记的何秋澄作为父亲重新入党的介绍人，父亲才又回到了党组织内，行政级别定为 9 级。

据有关同志回忆：在父亲重新入党宣誓的那一天，父亲神情凝重，说话迟钝，常常词不达意，我想或许是父亲想起了“皖南事变”中牺牲的众多战友，或许是父亲想起了自己在两次入党之间所经历的一切苦难……

戴济民

戴济民，安徽省合肥市人，曾用名戴惠黎，著名医学家。早期筹建工农革命红色医院，曾任红一方面军总医院院长，为中国革命的胜利作出了重要贡献。

戴济民父母早亡，因其在教会帮工，免费入繁昌小学读书，后升入中学。毕业后，与汉口大同医学院订立 10 年工读合同。入学四年，适逢辛亥革命爆发，他便参加了九江红十字会，投身于革命军的救护工作。辛亥革命后，转办九江红十字医院，先任主治医师，继而任院长。戴济民于 1913 年离开九江到吉安办起了私立惠黎医院。他淡泊名利，济贫助弱，为无力求医者提供医药服务，实行人道主义救治。

1930 年 10 月 4 日深夜，红一军团攻占吉安城。当时红军在作战样式上已经由以游击战为主转变为以运动战为主，作战规模扩大，伤亡增加，后勤工作任务繁重。过去采取的伤病员由部队带着走或寄养在群众家里的

资料来源：卞龙，常浩如．铁军文化——新四军中的文化人[M]．北京：华文出版社，2018：256-258.

分散医疗救护形式，已不适应作战情况发展的要求，急需建立具有稳定组织的后方医院。红军攻占吉安城的第二天清晨，罗炳辉就来到戴济民家里，告诉他军团领导人中午要到他家里吃饭。戴济民热情招待了来访的领导人，席间，他们谈到了建立后方医院的重要性，谈到了人道主义和革命人道主义的看法，动员戴济民参加革命。

红军领导人走后，戴济民随即动员了全城的中西医人员，于次日在赣西南苏维埃政府相关人员的陪同下查看了集中在青原山净居寺里的伤病员。集中在这里的伤病员有1400多名，无医无药，极为痛苦。他们随即筹组起一所医院，取名“工农革命红色医院”，戴济民任院长，另有一名副院长和医务主任。全院编为4个休养连，收容对象分别为重伤员、轻伤员、烂巴子病员、内科病员。伤员由7名西医医生负责治疗，病员由中医医生负责治疗。医院缺乏药品器械，戴济民便回到自己的医院，将所有能为伤病员治疗用的东西贡献出来。经一个多月的紧张工作，伤病员大部分（除三四百名重伤员外）痊愈归队。

1930年底，红一方面军开始了第一次反“围剿”战斗。红色医院撤出吉安。随后，红一方面军又进行了第二次、第三次反“围剿”战斗。红色医院随之扩大到4个分院和1个总医院，每院可收容500名伤病员。1931年3月，戴济民加入中国共产党。同时，红一方面军总医院成立，戴济民任总医院院长。

这一时期，红军优待俘虏的政策对掩护伤病员的安全起了很大作用。红军在战斗中，对被俘的敌军伤病员同样给予治疗。在第三次反“围剿”战斗中， 一分院一个重伤连有80名伤员未来得及转移，被敌人包围。但后来发现红军伤员无一人受损失。原来这个连在情况紧急时，教育在这个连治疗的俘虏伤兵，让他们告诉我们敌军的番号、长官姓名，待敌人进山搜查时，大家随着俘虏伤兵的口气一顿叫骂，责骂敌军打了败仗，扔下伤兵不管，有的甚至抡起拐杖上前就打。这一招很灵，搜山的敌人只得撤走。以后，红军一些后方医院也使用了这种办法，起到了保护伤病员的作用。当时，病员多于伤员，疾病多为痢疾、疟疾、疥疮和下肢溃疡。戴济民研究了致病的原因，加强了部队的卫生教育工作。1932 年以后，随着总卫生部工作的开展，卫生工作逐步打下了基础，后方医院的面貌开始发生较大变化。

1932 年以后，戴济民调任福建军区军医处任副处长、一军团卫生部医务主任。红军长征时，他在总指挥部任医务主任，负责中央领导同志的医疗保健工作。1937 年，戴济民回到老家吉安探亲，遂到新四军参加军医处组建工作，任新四军军医处副处长。“皖南事变”后，任卫生部副部长。

戴济民经常带着医护人员到部队去巡诊，遇到江河涨水，挡住去路，他就脱掉鞋袜，卷起裤腿，将年轻的同志背在背上，涉水渡河。到部队后，检查卫生，诊治疾病，对伤病员照顾得无微不至，年轻的伤病员和医护人员对他非常尊敬，不少人便称呼他为“爸爸同志”或“同志爸爸”。

解放战争时期，戴济民先后任东北军区卫生部医务主任、副部长，中南军区司令部医药顾问。新中国成立后，戴济民任中央卫生部党组成员，中央卫生部计划监察局局长，中央卫生部部长助理。1956 年离休，是政协第三、四、五届全国委员会委员。1978 年 10 月 1 日病逝，经中央军委批准，总政治部授予戴济民革命烈士称号。

戴济民是解放军中最早的医务工作者之一。在长期革命斗争中，他积极贯彻一切为了伤病员的医疗方针，在艰难困苦的条件下，团结其他医护人员，千方百计收集医疗器械和药品，努力挖掘民间偏方验方，用中草药治疗疾病，在做好中央首长、中央军委首长的保健工作，培养红色医护人员，为根据地军民医伤治病等方面作出了贡献。在漫长的革命战争中，戴济民完全把自己的命运同革命事业紧紧联系在一起，主动放弃组织上的照顾，同全军将士同甘苦共患难。1933年，中央批准给予他每月80元的最高津贴，他自己的家庭经济困难，但深感革命队伍的困难比个人家庭需要更重千百倍，请求组织取消自己的高津贴，并不等组织批准，就将70元捐献出来，留下的10元也常常和同志们共同使用。新中国成立后，戴济民继续保持战争年代的革命精神，对工作认真负责，任劳任怨，从不计较个人得失，遵守纪律，密切联系群众，勤勤恳恳地为人民服务，直到生命的最后。

齐仲桓

齐仲桓，曾任中央卫生部部长助理、中华医学会副会长。齐仲桓是中国出色的卫生工作领导人之一，他忠诚于党和人民的事业，刚正耿直，才思敏捷，有真知灼见。

齐仲桓 1929—1935 年在奉天医科大学（今沈阳中国医科大学）读书。医大毕业后，他离开日寇统治下的东北，到北平卫生局第三卫生事务所任"技士"（公共卫生医师），之后，参加了北平协和医院和北平卫生局合办的公共卫生训练班。1937 年，担任河南省戒烟医院院长。

"七七事变"后，齐仲桓离开国民党部队，投奔设在武汉的八路军办事处。徐特立告诉他，叶挺领导的新四军也是抗日的队伍，他们非常需要医务人员。经徐特立指引，齐仲桓从武汉到南昌参加了新四军，任军医处保健主任。夙愿得以实现，激励他把专业知识和工作热情倾注到各项工作中：编印卫生季刊，进行急救宣传和演示，发动驻地开展卫生大扫除，

资料来源：卞龙，常浩如 . 铁军文化——新四军中的文化人 [M]. 北京：华文出版社，2018：247-249.

进行预防接种和健康检查，特别是积极倡议举办卫生干部训练班并亲自参与教学工作。

1941 年 1 月 25 日，在苏北盐城重建新四军军部。3 月，齐仲桓肺结核痊愈，返回新四军卫生部，任医务主任。齐仲桓深感人才培养的意义深远，千方百计于 1942 年初恢复了卫生训练班，亲授内科课程。

1941 年 10 月至 1942 年 5 月，齐仲桓调至新四军三师卫生部任部长。到任后，卫生部强调学习红军、八路军的优良传统；自力更生克服困难，就地取材，广泛使用中草药、针灸；摸索总结卫生工作适应多兵种、几个团联合作战中救治伤员的经验；注重部队卫生勤务的制度化、正规化、规范化。1942 年 1 月，齐仲桓加入中国共产党。

1943 年 10 月，齐仲桓从军卫生部调至四师任卫生部长，他在这个岗位上工作了两年多，是他抗战中工作最有声色的时期。几年工作实践，齐仲桓已经形成一套比较系统的适合新四军特点的思路和方法。在《1945 年淮北边区卫生工作》中，用“循规蹈矩，去短留长”八个字概括了部队卫生工作建设的方向；他还明确指出：“1945 年边区卫生工作，中心有二：一为巩固部队卫生，二为建设地方卫生。”

齐仲桓强调的实事求是、自力更生，深刻地概括出新四军四师也是全军卫生工作发展的真谛。干部培养是齐仲桓一向十分注重的大事。他到任不久，四师卫生学校即克服重重困难开课，9 个月后，103 名学员毕业，第二年毕业的学员达到 299 名。各分区卫生部也组织了卫生训练班，先后有 160 名卫生人员受到培训。加上参加师卫生部举办的团卫生队长手术突击训练班和送军卫生部学习的人员，一年中就有近 500 人受到训练培养。一个师级卫生部，在抗日战争的艰难环境下能以这样的规模培养卫生干部，彰显了齐仲桓的才能和胆识。

对医务工作，他坚持科学严密的工作精神和工作方法，努力不懈地纠正不负责任、粗疏马虎、不懂装懂、敷衍推诿、轻视技术、不求进取的消极现象。他大力整顿卫生组织机构，加强规章制度建设，着力提高各级医疗单位的工作效率和工作质量。

对地方卫生工作的卓越领导，是他在新四军四师工作期间的又一建树。在四师创办的《拂晓报》卫生专刊上，齐仲桓先后发表了《组织农村中西医》《1945 年淮北边区卫生工作》《淮北农村卫生工作》等多篇文章，为刚成立的淮北行署卫生工作的开展提出了系统明确的主张。在淮北地区，他先后组建了县卫生合作社，后改为大众医院和县人民医院；成立中西医同仁“抗日医协会”、医救会，以抗战和为人民服务为宗旨；举办新法接生训练班，普及新法接生。

抗日战争胜利后，1946 年国民党军队向华东解放区大举进攻，华东野战军北撤山东过程中，齐仲桓亲自带领部队医院在苏北涟水县以北收治和转运伤病员，在极其困难的条件下，保障了伤病员的及时治疗和安全转移。1947 年 7 月，齐仲桓率卫生部主要力量，随华东野战军西进，参加创建中原解放区的战斗。在此期间他先后担任华中军区卫生部部长、华东军区和华东野战军卫生部副部长，参加了孟良崮战役、淮海战役和渡江战役，并撰写出版了《农村卫生研究》一书。

三年解放战争中，齐仲桓从华东到中南，以其卓越的组织才能和领导艺术，迅速组织、调配强有力的医疗收容力量，一次又一次地保障了解放军大规模运动作战的胜利。

新中国成立后，齐仲桓曾先后任中南军政委员会卫生部副部长、部长；中南文教委员会副主任；华中行政委员会卫生局长。1955 年任中央卫生部部长助理、中华医学会副会长。1955 年 11 月，根据指示，党内成立防治血吸虫病领导小组(九人小组),齐仲桓为领导小组成员。在具体工作中,他任中央防治血吸虫病九人小组办公室主任、卫生部属中央防治血吸虫病科学委员会主任。

1956年秋,齐仲桓率中国卫生代表团赴苏联学习考察,被苏联流行病学微生物学卫生学传染病学学会授予名誉会员。

齐仲桓一生坚持真理,伸张正义,胸怀磊落,刚正不阿。在任何艰难困苦的条件下,从不消沉。纵然在被冤枉的日子里,仍满怀信心地为党工作。在承德医专担任教员期间,除完成教学任务外,还利用闲暇时间搞环境污染的社会调查,用业余时间为青年教师讲授英语。

丁志辉

丁志辉，江苏无锡人，中国人民解放军医务工作模范。

丁志辉生于 1918 年 6 月，无锡城郊河埒口大丁村人。早年在上海一家织布厂当童工。1939 年赴皖南参加新四军，在军医处卫训班学习。1940 年加入中国共产党。抗日战争和解放战争时期，担负战地救治工作，在黄桥、辽沈、平津等战役中救治了大批伤病员，1939 年 6 月，丁志辉在中共地下工作者的引导下，赴皖南参加新四军，被派往新四军军医处卫训班学习，后任新四军一支队军医处休养所医务员。1940 年 6 月加入中国共产党。10 月，她参加了著名的黄桥战役，三天四夜没休息，和战友们一起奋力抢救了三四百名伤员，圆满地完成了战地救护任务。

1941 年 7 月，日寇对苏北盐城地区发动大“扫荡”。这时，丁志辉任新四军卫生部休养所所长，带领一个医疗组和 30 多名伤员到东海边打“埋伏”（分散隐蔽治疗）。她把伤员安置在群众家里，自己打扮成挖野菜的姑

资料来源：卞龙，常浩如．铁军文化——新四军中的文化人 [M]．北京：华文出版社，2018：256-258.

娘，提着篮子巡回为伤员换药、送饭。那时，药品和医疗用品奇缺，为了抢救战友生命，她想尽办法，解决困难。没有镊子，就把筷子劈开当镊子用；缺少绷带，就摘掉被单洗净消毒代用；缺少钙片，就把鸡蛋壳炒一炒碾碎了给伤员服用；用白及、明矾等配制成清疮液冲洗伤口；用仙鹤草止血等。有一次，她冒着日寇的机枪扫射，奋不顾身地从小船上抢回了一箱药品。有人问她：“你想用一条命去换一箱药？”她回答说：“一箱药能救几百人生命呢！”

1943年，丁志辉任新四军第三师卫生部休养所所长。上级决定调她去淮海地区，加强那里的卫生医疗工作。因工作需要，她由一个营职干部改任连职副所长，但她愉快地接受了组织的决定，积极配合老所长从思想教育、组织制度和医疗作风等方面着手，大刀阔斧地进行整顿。她带领全所人员发动驻地群众，筹集门板，把病床由地铺改成木床，清扫每个病房，建立各种制度，迅速改变了全所面貌，由后进单位一跃成为先进单位。

1945年冬，丁志辉随新四军第三师进军东北，任东北人民自治军（后改称东北民主联军）第五师后方医院院长时，奉命带领400余名伤病员向内蒙古转移。她不辞劳苦，沿途动员民工，组织车辆，筹划给养，指导治疗，并亲自为伤员做手术，历时28天，将伤员安全送达目的地，旋即又带领部分医护人员赶赴前线，救治伤员200多名。

解放天津时，丁志辉任中国人民解放军第四野战军三十九军卫生部医疗主任。平津战役中，她在前线手术室夜以继日地连续工作，因过度疲劳两次晕倒，仍坚持不下手术台。在她的带领下，全体医护人员积极治疗，精心护理，一个月内使600余名伤病员恢复健康，重返前线。

丁志辉的青春是在战火中度过的。她作为一名白衣战士，随部队转战祖国大江南北，从华东到东北，从华北到中南，救死扶伤，为人民建立了光辉的功绩。她多次获得“模范干部”“模范党员”“模范医务工作者”“模范女干部”等光荣称号。

1949 年 10 月 1 日，她作为第一届全国政协委员登上了天安门城楼观礼台，参加了新中国的开国大典。

1950 年冬，美帝国主义发动了侵朝战争。丁志辉以中南军区赴朝医疗手术大队大队长的身份，率领 6 个手术队，在炮火连天的朝鲜战场上奋力抢救伤员，又为祖国和人民立下了新的功勋。

回国后，丁志辉先后担任中南军区广州陆军医院医务主任、中国协和医学院附属医院副院长、中国人民解放军总医院副院长、解放军总后勤部卫生部副部长等职。相继当选为第一、二、三、五届全国人大代表。地位高了，荣誉多了，生活安定了，但战争年代的那种革命精神她一直未减，新四军的艰苦朴素作风她一直没变。她长期在医院工作，经常是身不脱白大褂，人不离病房，加班加点抢救危重病人。外人根本看不出她是医院领导人，更看不出她是一个患有肝硬化和血吸虫病的病号。她生活上艰苦朴素，衣、食、住、行都很简单。她的房间里除了公家配发的家具外，个人几乎没有置买什么东西。她穿的背心是自己用细布缝的，衬衣常常是打着补丁，梳头的那把梳子用了 30 年，尽管断了 1/3 的齿，还一直舍不得扔掉。她从没买过丝绸、缎面料的被子，一床 10 多年前缝制的布料面被子一直用到她去世。她保持了在战争年代自己缝补衣衫的好作风，直到她逝世前 10 多天，她还在病房里为女儿缝补衣服。她吃饭更简单，一直是“大灶”水平。丁志辉说：“一个人如果把精力放在讲究吃喝享受上，那就没有心思去干革命了！”

新中国成立后，丁志辉任第四野战军兼中南军区第二陆军医院医务处主任。1950 年出席了亚洲妇女代表大会。同年 9 月出席全国工农兵劳动模范代表大会，被选为主席团成员，曾获三级独立自由勋章、三级解放勋章。

1969 年，她被送到陕北山区医疗队去“改造”。她不顾自己身体虚弱，翻山越岭为群众治病，并为赤脚医生举办学习班，赢得了革命老区群众的爱戴和尊敬。丁志辉于 1973 年重新回到领导岗位，她更加严格要求自己，不搞特殊化，坚决拒绝利用职权为子女开方便之门。她公私分明，凡是办私事，总是乘公共汽车，有时用了小车就按规定交费。

1978 年，丁志辉的病情越来越严重，不得不住进医院治疗。于是，从住进医院那天起，她就着手撰写一本题为《抗日战争、解放战争、抗美援朝时期的战救工作体会》的著作。此时，她的白血球、血小板只有正常人的 1/3。她强忍着疾病的折磨，艰难地一笔一画地坚持写作。有时一只手在输液，就用另一只手翻资料；坐着写累了，就趴在床上继续写。一部 6 万字的著作，终于在她去世前完成了，1980 年 5 月 12 日，丁志辉不幸去世。在这本书稿里，既有过去不同时期、不同情况下战地救护工作的详细体会，又有对今后工作的建议，这是她留给党和人民军队的一笔宝贵财富。

新四军苏中军区后方医院的白衣天使
——傅红渠、薛联、沈静

1941年2月，新四军一师在江苏东台县郊成立后方医院，由师卫生部部长李振湘兼任院长。同年4月，改为一师卫生部兼苏中军区卫生部后方医院。1942年，日寇对东台地区进行大“扫荡”，医院化整为零，将轻伤员转移至东面沿海滩涂地域盐民或渔民老乡处分散隐蔽，重伤员转移到海船上，称为“海上医院”，度过了抗日最艰苦时期。1943年底，医院集中至江苏宝应地区落潮堡，有了固定的院址。1945年，医院又移至肖家庄等地。在抗战时期，医院救治了大批伤病员，成为新四军救死扶伤的坚实基地。抗战胜利后，医院被整编为华东野战军第二野战医院。

在抗战艰苦岁月中，有许多中华女子，抱着誓死不做亡国奴，赶走日寇的坚定信念，投奔新四军，成为战斗在后方医院勇敢的白衣天使。她们

资料来源：王苏凌．抗战中的白衣天使——记新四军苏中军区后方医院二三事[M] // 上海市新四军暨华中抗日根据地历史研究会．新四军研究（第五辑）．上海：上海人民出版社，2013：342-349.

给伤病员带来希望和温暖，为民族解放奉献才智和力量。她们犹如点滴之水汇入了抗日汹涌大海，那大海所掀起的巨浪足以扫平一切侵略者。

傅红渠：抗日小护士

傅红渠，1933 年出生，1945 年初参加新四军。其父母亲均是 1922 年入团，1925 年转为中共党员的早期革命家。他们曾以教师身份做掩护从事地下工作，后到苏区从事教育工作。

“我要去新四军苏中军区卫校学习了。”好朋友张惠像是来告别，又像是探询。

“我也要去。我也要参加新四军。”傅红渠眼放光彩，一脸坚定，拉起张惠的手，跑去找母亲，那是 1944 年底。

她的父母先后把两个十多岁的儿子送到了部队抗日。送女儿参军早已是他们的设想，只是希望女儿再长大些。当时她只有 11 岁，还太小。母亲有些不忍心，可她决心已定，噘起小嘴，把辫子甩到脑后，对着母亲倔强起来。

“把孩子交给党吧!”苏中军区管文蔚司令员的话打消了母亲的犹豫。于是，她和比她大一岁的张惠手牵着手，兴奋无比地来到苏中军区卫校。

参军时，母亲将她改名为傅红渠。母亲是教师，红渠二字取自古典名著《镜花缘》中的巾帼英雄绿红渠，母亲的寓意由此可见。

1945 年初，她小小个头穿上了肥大的新四军军装，幼稚的脸上充满喜悦，腰间系上一根宽大的皮带，觉得威武神气。她学着大人的样子，挺起胸膛，把头高高昂起，迈着大步走在路上。她心里高兴极了，夜晚睡觉都在偷着乐。

当时卫校的队长有两个——郑芳和路盘，指导员是宋英华。她被编在六班，班长是吴尚云，后来卫校又有路洛、张罗、张立等同学参加进来。学习、出操、队列……她们学得有模有样。半年的紧张学习结束了，她们学会了基本的医学知识，经实习后，被分配到苏中军区后方医院。傅红渠分到医院一队内科，成为一名护士。院长是赵国宝、唐国栋，政治处主任是张振亚，医务主任是刘振之。一队的队长先后有谈纬青、缪谊、薛联等，行政队长有邵敏、陈小海，指导员有张树云、纪炎辉、汪克之等。

抗战后期，后方医院建在村庄，用木头、竹子、茅草等搭起一个大草房就是病房了，没有像样的床。伤病员多时，许多病人就只能铺张草席睡在地上。

傅红渠要去给伤员换药了。

在认真做好换药的准备后，她端着装有药品、纱布的托盘来到伤员身旁。

她大胆快速地揭开那半边纱布，清洗脓血，然后上药，包扎。她尽力轻轻动作，生怕弄疼伤员。看到伤员为强忍伤痛而大汗淋漓，她的心也跟着痛起来。

然而，更让她们难过的还在后头。抗战时期，因鬼子封锁，药品奇缺，尤其缺少消炎药。她们几次目睹年轻的战士，因没有盘尼西林消炎药而病重死去。这些抗日力量，没有牺牲在战场，却因缺少必要的药品，得不到及时治疗，而死在自己的医院里。每每看到这些，傅红渠的心中就像被无数针扎一样难受。她把父母送来的衣服、钢笔和许多生活用品送给战士们，尽自己最大所能帮助他们。

她们还只有 15 岁左右，在新四军中处处受到保护。一次转移途中，敌机突然出现在上空，盘旋后，径直俯冲下来。当傅红渠听到声响，仰头一望，那敌机已将一颗炸弹投了下来。她惊呆了，一时手足无措，竟呆站在原地。就在这千钧一发之际，一双大手将她一把抱住，扑倒在地，并用他的身体做掩护。只听一声刺耳巨响，炸弹就在距离他们十几米远的地方爆炸了。她只觉得一阵狂浪，在空中掀起一股泥土，夹着硝烟，铺天盖地打在他们身上。过后，他们从尘埃中爬起，抖落泥土。傅红渠看清了，掩护她的竟是他们的队长邵敏。邵队长关切地问她伤到没有，她拼命地摇着头，告诉邵队长没有受伤。她明白，危急时刻，邵队长在用他的生命掩护她。这种无畏情感，让她终生难忘。

鬼子终于被打败了。消息传来，许多大腿受伤的战士，扔掉拐杖，出奇地站起来尽情欢呼。傅红渠她们也和大家一样，摘下帽子，高高抛到空中，高举双手，大声喊叫，整个医院沉浸在一片欢乐中。

薛联：一粒药片

薛联，1925 年出生，江苏涟水县人。1940 年 8 月参加新四军，同年 9 月入党。

1941 年 4 月，薛联从抗日军政大学五分校毕业后，又到新四军卫生学校学习，于 1941 年 12 月结业。她被分配到新四军一师后方医院二大队。医院当时驻扎在江苏东台县以东沿海地区，东南是弥港，西南是一仓河、三仓河，北面是小海，中间是大面积荒草地，方圆 70 多华里。当地生活的大部分是盐民或渔民，户户相距四五华里，居住分散，海汉众多。除东面大海外，其余三面陆地都有日伪军的据点，最近的有 10 多华里。

20 世纪 40 年代初，抗日正遭遇艰难困苦。日本鬼子向抗日根据地频繁扫荡，后方医院化整为零，分散到海边。伤病员和医护人员就居住在盐民的盐池和厨房畜舍里。所谓的盐池，是一个挖在地下几平方米的大坑，在坑上离地一尺左右，支起木桩，盖上茅草做成屋顶，进出只能滑进爬出。台风、大潮汛常将屋顶掀翻，大雨、暴雨将盐池淹没，牛从屋顶走过，也会踏破屋顶，露出一个碗大的洞。尽管简陋，盐池还是胜于住在露天下。医护人员在盐池里铺上厚厚的杂草，打造成床铺，伤病员就此可躺下养伤。为应对鬼子“扫荡”，每天拂晓前要将伤员抬到芦苇荡或野外隐蔽。医院所有人员都扮成当地群众，遇到危险，随时转移。一次遇鬼子“扫荡”，薛联他们来不及撤离，情急之中，不顾严寒，跳入冰冷的芦苇荡中潜伏水下，靠嘴上一根芦苇管呼吸。他们清楚地看到鬼子就站在岸边，稍微一动就会被发现。

新四军通过多种渠道收集药品，他们大部分是部队精干人员，化装成商人，到上海、南通、海安等城市去采购，通过地下交通运输到根据地；有的通过药材商或诊所医生帮助购买药品；有的则是自己动手配制，如，没有双氧水就用食盐冷开水清洗伤口；没有凡士林就用猪油加羊油或牛油来替代。药品分散保管，有的放在可靠的老乡家，有的埋在地下。由于鬼子的封锁，药品不仅短缺，而且不能及时送到分散在各处的医护小组。每领一次药品，司药员要跑上几十里路，通过鬼子几道封锁线，一路上刀光林立，险象环生，真是拿着性命去换购药品。

药品如此珍贵，医护人员宁可不要自己的背包和物品，也要保住药品。

薛联当时在盐池的草铺上，正在给一个腿部受伤的战士查验伤口，此时，门口滑进一个发药的同志，由于下滑力的惯性作用，发药人还没站稳，手中的药就散落在草铺上。

“几粒药？”薛联问，“一共五粒。”发药人答。那是白色的，名为“消治龙”的抗感染消炎药，被鬼子称作违禁品而严密封锁，十分稀少，非常珍贵。薛联立即和发药人在草铺上找了起来，还好，四粒药很快被找到了。

还有一粒药！

她们继续在草铺上扒拉、翻弄寻找，没有……她们又搬开杂草、抖落，还是没看到。她们耐着性子，再次仔细地翻扒，丝毫没见一粒药的踪迹。接近半个时辰了，着急涌上心头，小小一粒药，能跑到哪里去呢？看到她们弯着腰，不停地翻动着杂草，脸上因焦急而淌出汗，伤员不忍心了，劝道：算了吧，别找了。

不行！绝对不行！这是一粒消炎药，也是一粒救命药。联想到许多伤员，就是因缺少消炎药，得不到及时救治而惨死在她们面前时，薛联显得更为坚定和紧迫。此时的薛联，双手在不停地翻动着杂草，恨不得把这些草一根根捋个遍。可是，还是没找到。薛联她们开始把大个的草抖落、搬开，然后用筛子把剩余在底下的小杂草，一筛一筛地筛选。

突然，她眼前一亮，看到了那粒药的身影，它被夹在一根小茅草茎与叶片当中，露出半个身影。“你竟然在这睡大觉，害我们找得好苦啊！”薛联从草中小心翼翼地取出这粒药，把它紧紧地拿在手中，对它大声责怪起来，一阵快乐开心的笑声从盐池中传出。

薛联亲眼看着伤员把那粒药片吃下，这才放心地微笑离开。她感到，伤员治愈又有了希望。

沈静：血脉亲情

沈静，1922 年出生，苏州市人，1944 年参加新四军，1946 年加入中国共产党，抗战时期曾任苏中军区后方医院、华东军区第二野战医院医务员、副室长。

1937 年 8 月 13 日日寇侵占上海，沈静在杨树浦路的家被日寇炸毁，全家逃到租界。她失业了。后来，她考入上海人和高级助产学校学习，毕业后在一家私立医院谋到一份工作。这期间，她亲眼看到日寇在自己的国土上烧杀抢掠。在党的引导下，她决心去苏北参加新四军抗日。然而，1941 年的一天她就要成行时，遇父亲去世，她耽搁了几分钟。当她急急赶到接头地点时，已是人走屋空。她与机会失之交臂。

她与组织失去了联系，在寻觅等待中，上海发生了一件震撼人心的大事。一位名叫陆阿毛的中国汽车司机，在被逼运输一卡车日本兵时，不做亡国奴的民族气节，让他勇敢地开足马力，径直将卡车快速冲进黄浦江，与整整一卡车日本兵葬身江底，同归于尽。此举感人而又大快人心，英雄壮举促使沈静加快寻找地下党。1944 年，她在上海终遇地下党，有了再次去苏北参加新四军的机会。她暗下决心，绝不再失去此次机会。那年，她 22 岁。

她与地下党接上头后，上了北去的火车。

她从无锡过江阴，来到地处靖江的小孤山旁。因新四军在日寇盘踞的小孤山与鬼子刚干了一仗，日寇加强了戒备。为避风头，联络站让沈静先在老乡家住了两夜。第三天，她和其他三个青年，跟在带路老乡后面，来到一个敌我双方拉锯的季家市小镇。老乡把他们送到了共产党领导的三分区专员公署。四天后，他们被安排去新四军驻地苏中公署。途中要经过日占区、穿越封锁线，因险象环生，凶吉难测，只能昼伏夜行。行前，他们被告知：跟上队伍，不能掉队、不能出声、连咳嗽也要克制。他们被安排在往根据地运送金库的队伍中间，连同二十多个挑担的青年农民，由一个连的新四军护卫，在夜间悄无声息地上了路。部队走得很快，沈静有时不得不小跑几步，因怕跑步会弄出声响，只能屏住呼吸，踮着脚跑。初冬天气已有些冷意，可她紧攥的拳头中还是冒出了很多汗。

就要穿越最危险的封锁线了。那是两条公路，鬼子两只探照灯来回交叉照射，把公路照得如同白昼。那天，老天给了机会，起了蒙蒙大雾，减弱了探照灯的光亮。他们趁机在大雾中急速穿越了公路，鬼子竟丝毫未察觉到。

来到河边，联络员吹了两声口哨，一会儿，从芦苇荡中悄无声息游出许多小船，他们上了船。船被人撑着长篙无声地向前行去。经大半夜航行，当朝阳升起，云开雾散时，他们到达了新四军根据地。沈静擦一把汗水，激动愉悦之情溢满心中。

1945 年 1 月，沈静经过入伍培训后，被分配到苏中军区后方医院一队(内科队)当医务员，原队长是薛联，后来队长是缪谊，党支部书记是张超。

一天，医院接收了一位前线下来的年轻战士，全身浮肿使他连眼睛也睁不大，皮肤、指甲、嘴唇等苍白无血色，腹部疼痛。在战争艰苦的环境下，他患上了寄生虫病和严重贫血症。

为尽快治好这个战士的病，她和医务班长谈纬青商量，先用止痛药缓解腹部疼痛，再采取利尿、健胃、增加营养等方法提高抵抗力。精心治疗半个月后，战士有了抵抗力，沈静她们又用驱虫剂打下好多寄生虫，战士的腹部不再疼痛，浮肿略有减退。

但战士的贫血丝毫未有好转。

贫血病使那个战士的心情坏到极点，时常烦躁不安，鬼子的封锁又使药品奇缺，沈静和医务人员唯有在精神上给予安慰和关怀。但她们清楚地知道，这些替代不了药物治疗。

怎么办？沈静她们心急如焚。

一天，谈纬青神秘地问沈静：“你是什么血型？”

“O 型啊。”沈静不知谈纬青何意，径直回答。

谈纬青一拍大腿，兴奋地说：“有办法了！我也是O型血。我们给战士输血，好吗？”沈静当即点头同意，两人拍手相定。虽然O型血可以输给其他人，但按规定，要经领导同意。她们知道，领导是不会轻易同意她们的想法的。为了治好战士的病，她们只能冒险了。她们先做战士的思想工作。战士一听便不忍心地拒绝了，后经沈静她们百般劝说，最后还是含泪同意了。她们将战士转移到偏僻安静的地方，以便实施输血计划。一切就绪后，她们趁缪队长外出开会之机，在大家都午休时，开始行动了。

沈静凭着仅有的医学知识和经验，和谈纬青大着胆子开始冒险尝试。第一天沈静抽出谈纬青40毫升血，用50毫升注射器加枸橼酸钠代替输血器，当即输给战士。第二天，沈静又献出40毫升血输给战士。这两天的输血，沈静和谈纬青非常紧张，不仅怕被发现，更担心输血发生意外。她们无时无刻不瞪大着双眼，仔细观察。一切正常，战士没任何不良反应。她们胆子大了起来，连续输了一个星期。正要继续输下去时，不料被缪队长发现了。

“你们的胆子也忒大了。冒这样的险，万一出了问题怎么办？！”队长虎着脸，把她们劈头盖脸一顿训斥。随即，队长对战士进行了检查，惊奇地发现，病情有了好转，最终还是同意了她们再输血三天，输满十次的央求。看着她们软弱无力的样子，队长通知炊事班，给她们烧猪肝鸡蛋营养餐。

尽管她们遭到严厉的批评，看到战士病情有了好转，心底还是充满了喜悦。

经过十次输血，战士的病竟奇迹般地好了起来，他变得胃口大开，饭量增加，浮肿明显消退，脸色红润了，有精神了。他开始在村子里，跑前跑后地锻炼。

战士终于盼到了出院这一天。就要奔赴抗日前线了，他脸上洋溢出激昂和感动。他知道，非亲非故的姐妹们用自己的鲜血治好了他。现在，他与她们有着不可分割、血脉相连的亲情。他将带着饱含姐妹们深情的一腔热血，奋战在抗日前线。

沈静和谈纬青以及同事们带着欢笑和依恋，把他送到村口。他挺直身躯，向他们庄重地敬了一个标准的军礼，转身迈开大步向前走去。

美国进步记者史沫特莱

1938 年 11 月到 1940 年 3 月，史沫特莱奔走于新四军华中抗日根据地，一边采访报道敌后根据地的抗日战况，一边为新四军救治伤员、募集医药。这期间，她对新四军的医疗卫生工作作出了重要贡献。

一、推动中国红十字会援助新四军

全面抗战爆发后，中国红十字会总会成立了临时救护委员会，聘请林可胜为救护委员会总干事，并任命其组建救护总队部。1938 年春，中国红十字会救护总队部（今人著述多称之为“中国红十字会救护总队”，以下简称红会救护总队）在武汉成立，林可胜为总队长。5 月，史沫特莱即加入该会，帮助救护伤员、募集医药，并做宣传动员工作。她在回忆录中说：

资料来源：任中义．试论史沫特莱对新四军医疗卫生工作的历史贡献[J]．延安大学学报，2016（8）：57-61.

“在武汉使我有幸同中国红十字会医疗队结下了不解之缘，并且认识了医疗队创始人和队长林可胜博士。为伤兵服务的工作支配了我后来大部分的生活。”①

当时在救护总队工作的沈新路说：“总队长林可胜思想进步，他受美国左派女记者史沫特莱的影响，与八路军、新四军保持着合作关系，并把汽车、医药器材送到八路军、新四军抗日根据地。”史沫特莱与林可胜交往颇深，中共和新四军获得红会救护总队的医疗援助，很大程度上得益于史沫特莱的牵线搭桥。

首先，史沫特莱推动中共在红会救护总队中建立党支部。据后来担任中共红十字会支部书记的郭绍兴回忆：“抗战之初，国际共产主义战士、美国作家史沫特莱同志也在红会救护总队。1938 年夏，她曾向中共长江局要求派党员去红会救护总队做教育工作。党派冯骥、毛华强和黄群三同志去红会，是和她的努力分不开的。”②之后，中共在红会救护总队中建立了秘密党支部，宣传抗日民族统一战线的方针，动员医务人员积极投入抗战救护工作。到 1939 年春，中共红十字会支部的党员已发展到 20 多人，分布在湖南、桂林、救护总队运输部门、图云关总部和卫生训练总所。郭绍兴说：“党的政治影响不断扩大，党的抗日救国主张为红会大多数专家、学者、医务人员和职工普遍接受，从各方面不同程度地给我党以同情和支持。在此基础上，先后动员了二十余个医疗队去延安及敌后抗日根据地进行医疗、救护工作；陆续组织和动员了一批进步青年医务工作者及一些外国医生、国际反法西斯战士到我军工作；还陆续运送大批来自国际和国内

---

①［美］史沫特莱．史沫特莱文集（1）[M]．袁文，等，译．北京：新华出版社，1985.

②红会救护总队 [C] // 贵阳文史资料选辑：第 22 辑．贵阳：贵州教育学院印刷厂，1987.

的医药器材到我党抗日根据地。”这些成绩的取得和史沫特莱最初的帮助是分不开的。时任中共贵阳交通站站长的袁超俊说：史沫特莱和林可胜比较熟悉，我就通过史沫特莱帮忙，做林可胜的工作。经过我们的工作，林可胜不仅反对国民党插手红十字会，而且帮助我们做了一些事。1939 年夏，史沫特莱从皖南新四军防地到达贵阳图云关红会救护总队驻地时专门找毛华强了解政治宣传的情况，由此可见她对中共在红会救护总队中工作的重视程度。

其次，史沫特莱亲自从红会救护总队向新四军运送医药品。1938 年 6 月，红会救护总队因战事关系迁往长沙。史沫特莱也随之到达长沙。在长沙，她劝请林可胜把医务人员和医药物品送到敌后游击区，但由于救护总队对长江下游的敌后游击区不了解情况，因此，林可胜要求史沫特莱“把《曼彻斯特卫报》同红十字会的工作结合起来，到敌人的后方去进行调查，随时给他们寄送报道”。10 月底，在八路军驻长沙办事处的联系下，史沫特莱携带一批医药乘新四军的救护车前往长江下游敌后游击区，探查如何对新四军敌后游击区开展医疗援助。她在回忆录中说：“救护车和汽车所载医药物品是我为长江下游敌后游击区新四军收集起来的东西。这些药物是红十字会和人民的捐献，还有我用自己的钱买的大捆洗脸毛巾、绑带纱包、防护手套、肥皂和奎宁丸。”史沫特莱到达新四军驻地后，还回到救护总队部为新四军筹集医药品。据林可胜的英文秘书王春菁回忆，史沫特莱从江西新四军方面，由一个“小鬼”陪同由陆路来到红十字会救护总队，要求林总队长拨发前线奇缺的医药器械，特别需要治“打摆子”（疟疾）的奎宁片和针剂，因为“那里的部队在每天同一个时刻，成百士兵倒在路边或山道上，全身发抖、发烧”。在史沫特莱的请求下，救护总队拨发了大量新四军亟须的治疗疟疾的奎宁丸。时任新四军军医处药材科科长的吴之理说，1939年红十字会救护总队一次拨200万粒奎宁丸。红十字会派来的救护队也带有数百床位的常用药材，如特殊需要，救护队还可派人去金华大队领取。

最后，史沫特莱推动红会救护总队向新四军派出两支医疗队。史沫特莱于1938年11月9日到达新四军小河口医院后，以红会救护总队队员身份，奔波于新四军战地，救护伤员，帮助建立伤兵医院。在她的建议与支持下，红会救护总队派了两个医疗队去新四军战地做救护工作。史沫特莱在回忆录中也说，在他的邀请下，中国红十字会医疗队还派来了两个巡回医疗工作组到新四军工作。1939年5月以后，第67医疗队除派一组至新四军野战医院工作外，该队余部则在泾县南20公里、太平北约40公里处的新四军小河口后方医院工作。第31医疗队则于1939年1月后，在浙江金华一带从事伤兵的转运和治疗工作。时任新四军小河口医院院长的崔义田说，中国红十字会金华大队队长何鸣九教授派了第31医疗队和第67救护队，携带医疗器械、药品，由田增基和刘宗韵医师率领来到皖南军部医院支援工作。

史沫特莱推动红会救护总队援助新四军的活动受到了一些人的非议和嫉恨，1938年底她曾接到署名“铁血团”的恐吓信。尽管受到恐吓，她对此置之不理，依然积极为新四军的战地救护工作服务。

二、宣传新四军的医疗卫生工作

史沫特莱于1938年11月到达云岭新四军军部后，被作为贵宾，安排住在军部特殊照顾。然而，她认为这种优待会使她脱离群众，她是个作家，应该经常和群众在一起，因此就被安排住在云岭南堡村的军医院里。当时由于在战争中部队伤亡较大，新四军先后在泾县云岭的南堡村设前方医院（也称南堡村医院），在太平县小河口设后方医院（也称小河口医院）。前、后方医院相隔约30公里，史沫特莱经常往返于两所医院之间，这使她对新四军的医疗卫生工作有了深入了解。

史沫特莱在参观了新四军前、后方医院后，对医院的医疗卫生工作制度赞不绝口。尽管新四军医院的物质条件简陋，住的是祠堂、竹棚和茅舍，然而各种医疗和管理制度却正规化、科学化，这与她沿途访问的“内幕黑暗、死气沉沉”的国民党战地医院形成了鲜明对比。她说：“这儿的医院竟在草创之中具备了现代医疗工作的第一流条件。这是一所接收重伤病员的后方医院。附近二十五英里外靠近江边的战地医院亦同，已经建立起了仿照西方医院现代标准的医务制度。这套医疗制度准许医务工作人员和医药物品随时下到前方各战斗连队、单位去进行巡回医疗。”时任小河口医院医生的唐求说：“美国进步作家史沫特莱参观我们医院。当她走进病房，看到护士正在为重伤病员喂饭，大为惊奇。她询问了医院的医疗护理制度，工休关系，药材来源，医生护士的技术情况。她非常激动，赞叹不已。她说她到过许多国家，参观过很多陆军医院，从来没有看见过这样正规的医院。这是世界上少见的伤兵医院，我要向全中国、全世界报道。”吴之理等人也说，史沫特莱在参观了小河口医院和军医处后说：“国民党军队的医院，条件好，医生多，但工作马虎，不负责任，医院乱而脏，许多士兵死于非命。而你们这里条件差，医务人员少，病房整齐干净，医务工作有条不紊……这是我在中国看到的最好的军队医院。我要向全世界宣告，呼吁他们来支援你们。”1939年9月，史沫特莱在江北新四军第四支队，也发现医护人员坚持每天巡诊，建立了流动医疗制度。

在敌后根据地经费、物资极端匮乏的情况下，小河口医院拥有一架X

光机、一架显微镜和一口高压锅，以及一个由受过训练的人员操作的化验室。新四军在艰苦的条件下建立这样正规化的医院使史沫特莱感到震惊。史沫特莱还参观了医院的图书馆，馆里藏有英、美、德、日等国医学参考图书，并且还有中外医学杂志，供医生们了解医学方面的最新成果。医院还编辑出版了前线医务人员必备的医务手册。史沫特莱发现，新四军医院医护人员分工协作、认真负责，对伤病员的照顾体贴周到。病床上挂着一沓沓识字卡片，每张牌子上有五个方块字，不识字的人每天要识五个字，识字的人供给书籍报纸。指导员或政治干事常坐在不会写作的病号床边，记录他们的战斗经验、批评建议、生活感想或诗或歌，作为墙报稿件。战地医院地处深山，既无街市，又无娱乐设施，为了调节医生和病人的紧张精神，新四军医院还举办了各种文化娱乐活动，活跃医院气氛。指导员每天不是读战争消息，就是念社会新闻，文工队演节目、唱歌，军民联欢，往来亲密。这种别开生面的文化娱乐活动，活跃了医院生活，鼓舞了伤兵士气，振奋了革命精神。

1939 年 7 月 1 日，日军飞机轰炸云岭，医院遭到破坏，不得不转移到山沟的临时病房。史沫特莱不但坚持和医务人员一起参加抢救工作，还连夜撰写文章，强烈谴责日军的侵略暴行。章央芬回忆，史沫特莱看到那些被炸伤的医务人员和平民百姓，万分气愤，彻夜不眠地写报道，紧急发稿，谴责日本帝国主义的强盗行为。宫乃泉大夫常赞扬：“她是真正的国际主义者。”史沫特莱还将新四军随营训练学校教师张英以及 11 名红会医疗队员被日军残害的消息发表在红十字会工作简报上，以引起人们对新四军战地救护工作的关注。

对新四军伤兵救护的报道是史沫特莱在华中抗日根据地时期关注的一大主题。据崔义田回忆：“当时在国际性的刊物上，如《密勒氏评论报》

和《中国人民之友》等都曾登载过美国著名作家史沫特莱撰写的关于新四军卫生工作的文章。史沫特莱说，新四军卫生工作是在中国共产党的领导下，真正为伤病员服务的。”《密勒氏评论报》的主编鲍威尔因为发表史沫特莱关于新四军的文章，在太平洋战争爆发后受到日军的残忍迫害。史沫特莱在新四军医院的采访见闻收录在她回美国后出版的回忆录《中国的战歌》之中。该书记录了她在新四军华中根据地访问的经过，被誉为第二次世界大战期间最著名的战地报道之一。

三、参加新四军的伤兵救护工作

史沫特莱初到中国时曾和加拿大护士琼·尤恩一起开过诊所，对医护工作较为熟悉。因此，在新四军敌后根据地采访期间，她经常参加新四军的伤兵救护工作。章央芬回忆：“那时，抗日战争正在激烈地进行，前方战事不断。一仗打下来，总会有一批重伤员送到军医院来。史沫特莱每次都主动参加我们的抢救工作……她特别热情，给伤员解绑带、换血衣、喂水喂饭，还要帮护士给伤员换药、喂药。连给伤员端尿盆的事情她也抢着做，即使在很冷的冬天，她也忙得满头是汗。”她认为救护伤员是她义不容辞的不能被剥夺的权利。

在云岭新四军医院，史沫特莱经常采摘野花放在用竹筒做成的花瓶里，以此来装点病房。新四军政治部的马宁说：“在我生病住院时，史沫特莱不只是给我送花，大病房里每个床头柜上都同样插着各种野草鲜花。她把大自然的无限生机带进病房，让战士们早日恢复健康，重返战场。”她还建议妇救会为新四军医院做成的枕头、枕巾上绣上“民族英雄”“抗战必胜”等字，以鼓励伤员们坚持抗战必胜的决心。新四军政治部的朱镜我患有严重的胃溃疡，经常呕吐酸水、鲜血。史沫特莱得知后，冒充传教士，历尽艰险到南京城里买来一盒五十支装的“鹿茸精”注射液，同时还为军医院补充了很多奇缺的药品。朱镜我在注射了“鹿茸精”之后，很快恢复了健康。

1939 年 9 月中旬，史沫特莱离开皖南，渡过长江，到达新四军第四支队司令部。在新四军第四支队的两个星期，她每天和江北指挥部军医处长宫乃泉用一部分时间治疗当地的疟疾。1940 年初，史沫特莱到达鄂豫边区，在新四军豫鄂挺进纵队访问期间，她经常到前线访贫问苦，医治伤兵。安娥在 1 月 31 日的日记中写道：“夜里听到屋子外边有呻吟声。史沫特莱女士披衣起来，顺着声音去找。我也跟着她出来，看见地下睡着几个士兵，其中两个疟疾，两个痢疾。有一个痢疾、疟疾同时发作，正在那里呻吟。史沫特莱女士给他水喝，给他药吃，又给他把稻草铺好，让他静静地睡。对其他的病兵，史沫特莱女士也给了他们药吃，才回去睡觉。”在豫鄂挺进纵队的野战医院来子湾，罗叔平回忆：“一天，我们一行辗转来到我军坐落在一处山坳的医院……史沫特莱立即要去看望伤病员。通过我翻译，她热情洋溢地讲了一番话，向伤员们表示慰问和鼓励。说完后，她亲自动手给伤员洗涤伤口，包扎绷带。她包扎完几个伤员，不声不响地解开了自己的背囊，将她自己随身备用的红汞、消炎粉、胃病药全部献给了医院。”

史沫特莱还经常把自己的钱物贡献给伤员。她用自己的稿费，给伤病员们买来许多鲜蛋，亲自给重病员喂肉汤和猪肝汤。吴之理等人回忆，史沫特莱还自己出钱帮助新四军医院建立了淋浴室和灭虱室。史沫特莱在回忆录中也提到，为了解决军部广大官兵的个人卫生问题，她拿出一部分版权税和稿费，加上英国大使凯尔先生送给她的一点钱，在军内修建了第一个消灭虱子的浴室。此外，为了让广大官兵在革命之余养成讲究个人卫生的习惯，史沫特莱还为新四军训练营全体学员讲授一门必修的“民族抗战与健康”的课程。

四、为新四军募集医药物品

新四军的药材供应相对于敌后抗日根据地的其他部队来说较为充裕。崔义田说：“其原因有二：第一，‘皖南事变’以前，国内外爱国团体和红十字会救护队捐助了不少，特别是抗疟药比较丰富。第二，离上海等大城市近，购买较易，军政首长对这方面很重视，上海地下党又大力支持。”史沫特莱在华中敌后根据地访问期间，曾多次为新四军募集医药物品。

时任新四军药材科科长的吴之理说：“1938 年底，我和沈其震处长持史沫特莱的信去上海找《密勒氏评论报》主编鲍威尔和英国大使寇尔募捐药品和器材，并得到他们的帮助。我们募集了两汽车药品和器材。”章央芬也说，史沫特莱给她在上海的美国朋友《密勒氏评论报》主编鲍威尔的信起了很大作用，沈其震和吴之理从上海带回了很多药品和器材。真是雪中送炭啊！沈其震从上海不仅带回了大批医药器械，还带回了曾在白求恩医疗队工作过的女护士琼・尤恩。她正是在读到史沫特莱发表在《曼彻斯特卫报》上关于中国人民抗日战争的文章，以及得到史沫特莱寄给她的“呼吁医生和护士去中国”的信件后，参加了白求恩的医疗队来到中国。她在上海见到沈其震后，得知史沫特莱邀请她到皖南新四军医院，尽管有许多顾虑，最后还是帮助新四军募集药品并和沈其震等人一起把医药物品带到了皖南。到皖南后，在史沫特莱的鼓励下，琼・尤恩留在新四军医院中工作半年之久。

史沫特莱交友广泛，经常向英美朋友为新四军募集医药。时任英国驻华大使的寇尔早在武汉时就和史沫特莱是好友，寇尔对中共的游击战争、组织动员群众的方法很感兴趣。史沫特莱说：“我们之间从武汉开始到以后的几年里，在其他地方以奇特的方式增进的友谊，充满着愉快的幽默。当然他给我提供购买医药物品的金钱数目更不消提了。”在鄂豫边区，史沫特莱以个人名义向随县天主教堂的爱尔兰神父，请求援助新四军豫鄂挺进纵队医药。在日军的严密封锁下，爱尔兰神父冒着生命危险向纵队送来了医药。史沫特莱在带领他参观了纵队野战医院后，神父深受感动随即捐出随身携带的 50 元，并立即返回县城再一次向教会医院募集医药，还把自己医院的药品囊括一空后又一次送药到纵队。他对史沫特莱说：“法国医院也存药不多，但事情却极顺利。那里的神父、牧师、医生们，虽都不是美国人，也不是爱尔兰人，但都很热烈地捐助，这是我没有想到的，一共捐了两挑子药。”

史沫特莱与史迪威、戴维斯等美国“中国通”官员们交往颇深，并经常呼吁他们援助新四军。时任新四军豫鄂挺进纵队野战医院医务主任的孙光珠曾回忆，1940 年春节前夕，史沫特莱来到京山县八字门纵队司令部访问，当时由于日军封锁严密，“扫荡”频繁，战地缺医少药。史沫特莱就派他向美国驻汉口领事馆领事戴维斯寻求医药援助。在戴维斯的帮助下，调了汉口协和医院的谈太阶到纵队野战医院支援工作，战地亟须的医药器械大部分也按照原计划解决了。史沫特莱给戴维斯的求援信起到了很大作用。在洪湖游击区，史沫特莱还请豫鄂挺进纵队第四团的游击队员穿过日军封锁线向汉口的朋友送去求援信，随即史沫特莱的朋友筹集到一些奎宁、消毒剂和纱布等医疗物资送到游击区。

当时，太平洋战争还没有爆发，已沦陷的武汉还住着一些外国侨民，有不少人同史沫特莱有着友谊和礼节交往。她便写了许多信，呼吁他们给予新四军在医药上援助，信发出后不久，许多不知名的外国朋友，源源不断地、秘密地向我部运来一批药品，数量虽不大，却是“雪中送炭”！

此外，史沫特莱还出资在皖南云岭建立了两座难民合作农场，帮助新四军医院减轻负担。1940 年 3 月底，史沫特莱在完成了对豫鄂挺进纵队的访问后，离开了新四军华中根据地。她在舆论上给新四军医疗卫生工作以肯定和支持，在行动上帮助新四军救治伤员、募集医药，不仅缓解了新四军的医药压力，而且鼓舞了新四军伤兵的士气，也使她赢得了“中国伤兵之母”的美誉。

战地救护不仅是对伤兵的人道关怀，更是鼓舞他们士气的一剂良药。史沫特莱是抗日战争时期在新四军中访问时间最长的一名外国记者。在当时游击根据地生活艰苦、物资匮乏的条件下，她与根据地军民同吃、同住、同劳动，并尽力帮助新四军的医疗卫生工作。她常说：“我总忘记了我自己并不是一个中国人。”史沫特莱的这种奉献精神感染了周围和她一起工作的人。章央芬说，每当我深夜离开她房间时，心中都暗暗发誓，决心学习她那种毫无自私自利之心的精神，为争取抗日救国的胜利而不懈地工作。当时在医务人员中，有些人过不惯长期的艰苦生活，想回大后方去。史沫特莱的言行像无声的命令，令人感动，也使人惭愧。不少人就是在她的激励下，改变了自己的想法，坚定地留在了根据地。

1941 年 5 月，史沫特莱回到美国后，到处发表演讲，呼吁美国人民援助中国的抗日战争。她常常作为中国问题专家而被邀请演讲，但每次她都将所有收入统统寄到中国以救济战灾孤儿，因此，她永远没有积蓄，并且时时和贫穷搏斗。即便在弥留之际，她思考的仍然是中国。1950 年 4 月 28 日，她在遗嘱中写道：“我的著作所得，无论来自哪国，都请送交中国人民解放军总司令朱德将军，按照他的意愿使用，以有助于建设一个自由、强大的中国……我希望将我的骨灰同为中国革命而倒下去的人们埋葬在一起。”[①]她的这种国际主义精神值得人们永远敬仰。

① [日]石垣绫子．一代女杰——史沫特莱传[M].陈志江，李保平，江枫，译．北京：光明日报出版社，1992:293-294.

加拿大女护士琼·尤恩

当年与白求恩同来中国的还有一位护士兼翻译，她叫琼·尤恩。琼·尤恩曾 3 次到中国，留下了一个个鲜为人知的传奇故事。

初到中国

琼·尤恩（1911—1987），1911 年出生于苏格兰，儿时举家移民加拿大。她 7 岁时母亲因病去世，父亲汤姆·尤恩是一名工人出身的革命家，加拿大共产党早期领导人之一。汤姆·尤恩终日为革命奔波，无暇顾及家庭。1927 年，16 岁的琼·尤恩离开学校，到一间洗衣店打工。后逢一个护士学校招生，她就成了该校一名勤工俭学的学生，白天在医院工作，晚上在护校学习。

由于革命的需要，汤姆·尤恩一家搬去多伦多市。琼·尤恩独自一

资料来源：节选自梅兴无．琼·尤恩：白求恩随行护士的中国传奇[J]．文史春秋，2022（1）：19-25.

人在温伯尼生活和学习。琼·尤恩从护校毕业后，找工作屡屡碰壁，直到1933年初，才得到一个工作机会——以教士的名义去中国做护士。同年3月，琼·尤恩和同学艾格丽丝、罗斯跟着文森特·施雷姆普神父，从温哥华前往中国。

琼·尤恩一行人抵达中国后，在青岛下船，来到山东淄博张店。为了尽快融入异国的陌生环境，她刻苦学习汉语，仅两个多月，就能够说一口地道的山东话，这为她的医护工作带来了极大的便利。她穿着一件深蓝色棉旗袍，俨然一个中国女人，还给自己起了一个中国名字“于青莲”。

在山东期间，她们的工作地点多次变动：在张店教会待了几个月后，她们被教会派到无棣县；次年3月，又被派到祖李庄。1935年6月，琼·尤恩被单独派到蒲台县郭镇开办新诊所，工作、生活环境十分简陋，只有一间小茅屋。欣慰的是，不论走到哪里，她都受到民众的欢迎。她在护校时，一边学习，一边实习，医护技能十分扎实，耳濡目染，还学会治疗一些常见病，加上会讲中国话，当地民众经常上门求医。她不仅热情地接诊每一个病人，还经常上门护理重症病人。

琼·尤恩注意到，农村大多数人生病都是因为卫生知识匮乏、农村卫生条件差造成的。于是，她除尽力治病救人，还大力推广卫生知识，改造乡村陋习。比如消灭苍蝇，诊所里挂着自制的宣传画，介绍苍蝇的腿上沾满细菌，让就诊者知道什么是疾病的来源。为了消灭疾病传播源，她还发动孩子打苍蝇，每消灭100只给5厘钱奖励。

随着诊所的规模、服务范围的不断扩大，迫切需要补充新的人手。琼·尤恩招募了几名中国女孩，向她们传授护理和接生技能，分享自己的经验和技术。不久，她们成为她的得力助手和熟练的助产师，医疗服务范围得以进一步扩大。

1935 年夏，黄河决堤，山东大地变成泽国，农民四处逃荒，饿殍遍野。为了预防灾后大疫，国际饥荒救济会和国际联盟流行病防治小组急需招募医护人员做志愿者，琼・尤恩应募来到济南参加灾后防疫工作。

1936 年 12 月，“西安事变”发生，济南市民连夜上街游行，抗日的呼声越来越响亮。琼・尤恩也走出住所，参加到游行队伍中。

1937 年 6 月，琼・尤恩完成了与教会的合约，返回加拿大。在中国的 4 年多时间里，琼・尤恩接触到了与西方世界完全不同的中国社会底层的基本状况，她这样总结：“我从社会大学学到了书本中所学不到的许多知识”“掌握了一门新的语言，一种新的生活方式，并曾同重重的疑虑与艰苦做过斗争”。

北上延安

回到加拿大后，琼・尤恩很快在多伦多市圣约瑟夫医院找到了一份工作。1937 年底，琼・尤恩收到驻华美国记者史沫特莱写给她的信。信中强烈呼吁北美的医生、护士到中国去，支援中国的抗日战争。

琼・尤恩还接到消息，加拿大、美国共产党决定派白求恩大夫带领一个医疗小组前去支援中国的抗日战争。因为自己会讲中国话，也对中国有一定的了解，加拿大共产党希望她能一同去中国给白求恩当随行护士和翻译。刚刚回到家乡的她有些犹豫，但作为一名加拿大共产党员的女儿，她还是毅然决定随白求恩去中国。

1938年新年刚过，白求恩就带领美加援华医疗小组从温哥华前往中国，成员除了白求恩、琼・尤恩，还有来自美国的帕森斯大夫。他们随行携带了大量医疗器械和药品。1938 年 1 月 29 日，飞机在汉口降落。在离开中国7个月后，琼·尤恩以战士的身份又一次来到这片神奇的土地。

琼·尤恩觉得自己要开始军旅生涯了，需要把一头长发剪短。她在一家白俄人的美发店里剪发时，敌袭警报突然响起，日机空袭，白俄人连忙把她推出店外。她顾不上剪了半边的头发，随着奔跑的人群躲避空袭。空袭过后她回到教会住处，史沫特莱看到她的样子，忍不住哈哈大笑，便帮她把头发剪齐。

空袭后，汉阳一所教会医院（现为武汉市第五人民医院）挤满了伤员，大厅里横七竖八地放着担架。白求恩带着琼·尤恩立即加入抢救伤员的行列，为伤员止血、取弹片、做手术，这里成了他们到中国后的第一个工作站。

2月22日凌晨，在八路军总部派来的一位干部的陪同下，白求恩、琼·尤恩带着在武汉采购的一些药品器械，在汉口登上北去的火车，他们的目的地是位于山西洪洞县的八路军总部。2月23日，他们在郑州搭乘前往潼关的火车。尽管火车在潼关停留的时间很短，但白求恩和琼·尤恩仍到附近的伤兵站去看看医疗情况，向医疗人员提出中肯的建议。

2月24日，白求恩一行人渡过黄河，从风陵渡乘火车北上。车到临汾站，还没下火车，防空警报骤然响起，接着炸弹在车站附近爆炸，乘客纷纷从车上跳下，往田野四下奔跑。警报解除后，随行的八路军干部接到一个不好的消息，日军离临汾只有15千米，八路军总部已从洪洞县撤走，无法联系。他们必须原路折返，而临汾的火车不再进行客运。这时，一列八路军物资运输列车停在站台上，随行干部与八路军总兵站的小分队联系上，得到了他们的支持。这样，白求恩一行坐上了八路军小分队运送物资的骡车队。

白求恩一开始没有坐车，大步走在车队最前面。没走多久，从南边飞来两架日本轰炸机，向骡车队投掷炸弹，前面的几辆大车被炸飞，白求恩的额头被弹片擦伤，但他奋不顾身，马上带着琼·尤恩开始抢救伤员。

为躲避日机轰炸，骡车队改为夜间行军。琼·尤恩躺在大米包上，一路颠簸，抵达晋西南重镇新绛。白求恩、琼·尤恩被安顿在一家小客栈休息。白求恩躺在硬邦邦的炕上，琼·尤恩趴在桌子上打盹儿。不知过了多久，琼·尤恩被一阵嘈杂声吵醒，小客栈涌进来几十个人。原来镇上的人听说来了一位治病不收钱的外国大夫，纷纷前来求医。白求恩明白这些人的来意后，立即对琼·尤恩说："那我们还等什么？"小客栈立即变成医疗站，他们开始了紧张的工作。

白求恩和琼·尤恩一路行军一路治疗，短短几天，从武汉买来的药品就用完了。3 月 5 日，骡车队来到黄河边的禹门渡。他们在岸边等了两天，才搭上驳船驶向黄河对岸的陕西。骡车队刚过黄河，日军的炮队也赶到了禹门，不停地炮击西岸。他们随骡车队火速转移到山谷中，在一排窑洞住下。一星期后，一辆卡车载着他们进入西安。3 月 23 日，《西安日报》在头版报道了白求恩、琼·尤恩到达西安的消息。

白求恩和琼·尤恩在八路军西安办事处遇上开会路过的朱德。朱德热情地会见白求恩，两人紧紧拥抱在一起。整整一个晚上，他们在一起讨论在八路军开办医院的事情，直到东方发白。

3 月 31 日，琼·尤恩随白求恩乘卡车抵达延安。琼·尤恩陪着白求恩在延安待了一个来月。白求恩每天的日程安排得很满，发表演说、会见记者，更多的是到边区医院治疗伤病员，他被邀请担任边区医院代理外科主任。4 月下旬，琼·尤恩单独执行去西安采购药品的任务，等她回到延安时，白求恩已经出发去了山西五台山。不曾想这一别便是两人的永别。

来到山西

琼·尤恩立即准备去五台山的行装，但她被挽留在延安过“五一”节。那天，延安城里很热闹，有运动会、舞蹈、话剧、电影，还有难得的会餐。战士们争着给她夹菜、敬酒，她感觉就像和家人在一起，心里热乎乎的。

5月3日，琼·尤恩与20多名抗大学员同行去山西。路过陕西清涧县时，她接受八路军一所后方医院的邀请，留下给一群学习战场救护的小战士当实习老师，教他们救护操作技能。6月中旬，她带着5名学生离开清涧，渡过黄河去往山西前线。

在路过山西岚县八路军一二〇师师部时，琼·尤恩成了贺龙师长的座上客，贺龙把她留在一二〇师。在岚县的第一晚，她刚睡下，就有人敲门。一名八路军战士抱着美国咖啡、香烟、饼干和巧克力酱等一大堆东西走进来，对她说：“这是刚从日军那里缴获的战利品，贺师长说这东西对你的胃口，让我送给你。”这使身处异国他乡的她十分感动。

琼·尤恩工作的医疗站实际上就是一个小门诊部，极为简陋，药品奇缺。伤病员在门诊部接受治疗后，都被送到附近的老百姓家中休养。医疗站需要医治的伤病员特别多，她往往工作到很晚才能返回驻地。为了提高医疗站的管理和技术水平，她和其他医生一起拟订了医疗护理操作规程，指导司药人员配制溶剂，制作蒸馏水，割取生鸦片，制作皮下注射溶液以替代麻醉药。她和另外3名医生将伤病员按驻地划分为4个片，各管一片，巡回诊疗；还为在医疗站受训的20多名部队卫生员讲课，让他们接受系统的训练。

琼·尤恩到医疗站之初，无论八路军伤病员还是老百姓，对她都还不熟悉，人们在看到她兢兢业业工作后，都尊称她为“尤恩大夫”。

酷热难当的 8 月到了。一天，贺龙来到医疗站，说前线战事紧张，伤员很多，全部转运到医疗站有困难，希望她能带些人上前线去救护。于是，她带着 3 个人骑马出发，来到一个叫息马坡的小镇。

这个小镇刚被日本军队血洗过，沉寂得可怕，琼·尤恩带人把散发着血腥味和尸臭的教堂改成临时救护所。来了军医的消息很快传开，老乡们给他们送来了吃的，伤员也被纷纷抬来。他们忙碌起来，处理伤员，组织担架，将重伤员送回师部医疗站。

几个月下来，艰苦的条件、繁重的工作令琼·尤恩变得又黑又瘦，她感到自己的身体出状况了，亟须治疗休养。

抱病赴皖

琼·尤恩几经辗转去了香港后，于 1938 年 11 月底独自来到上海。她打算在这里一边休养，一边等待回加拿大的邮轮。

才过两天，她就接到一个电话，对方说给她捎来了史沫特莱的一封信，约她到华懋饭店见面。来人叫沈其震，是新四军军医处处长，来上海为新四军募集器械药品和衣物。

琼·尤恩看到史沫特莱的信，得知她正在新四军。她在信中希望琼·尤恩以欧美人士的特殊身份，帮助沈其震把募集到的物资转运到皖南云岭的新四军驻地。琼·尤恩尽管身体不适，仍爽快地答应了。她拖着病体帮助沈其震把募集的物资收集起来，装了两大卡车。1939 年元旦一过，他们便出发前往云岭。一路上，琼·尤恩利用自己的合法身份，巧妙地穿过日本侵略军的封锁线和国民党顾祝同防区的盘查，将药品和医疗器械运抵安徽泾县小河口新四军后方医院。史沫特莱碰巧也在这里，两位朋友高兴地拥抱在一起。

随后她们一起来到新四军军部所在地云岭，史沫特莱将琼·尤恩介绍给新四军的主要领导。在叶挺的盛情邀请下，琼·尤恩不顾自己的身体状况，决定留在新四军后方医院一段时间，帮助改善那里的医疗条件。

解剖尸体成了后方医院的大事，宽敞的祠堂中间摆着一张桌子，一盏煤气灯高悬在解剖台上面。从各医院来的医生、护士以及培训班学员都整齐地坐在桌子四周，由两名医生主刀，琼·尤恩担任讲解员，她对每一个器官都进行详细的描述，然后放入标本瓶。

3 月 9 日，日军轰炸新四军云岭根据地。受伤人员被紧急送到新四军后方医院，其中还有不少平民。琼·尤恩撑着病体，协助沈其震等医生开始紧张的抢救工作，手术一个接一个，直到凌晨 4 时才把手术做完。

战地医疗工作十分繁重，琼·尤恩身体每况愈下，她必须回国治疗和休养，但她坚持把培训班的课讲完，将自己积累的护理知识和技术传授给学员。5 月 31 日，新四军军部举行了培训班结业典礼。6 月初，琼·尤恩接到同两名大夫启程去上海的通知，她还要完成在新四军的最后一项工作，在上海采购医疗用品。叶挺军长特地来为她送行，感谢她为伤员所做的一切，告诉她大家会永远记住她。

在上海完成新四军新一批医疗器材和药品的采购任务后，琼·尤恩登上了返回加拿大的邮轮。

回国后经过一段时间的治疗和休养，她的身体有所恢复，但也留下了影响她后半生的病根。她一直没有忘怀第二故乡中国，关注着中国发生的一切变化。中华人民共和国成立后，她曾两次给周恩来总理写信，表达她的衷心祝贺和问候，并寄来了她收集和整理的白求恩大夫的照片和资料。

根据周恩来的指示，中华医学会和中国人民对外友好协会先后邀请她访华，但她因身体原因未能成行。

1981 年，琼 · 尤恩撰写的回忆录《在中国当护士的岁月》在加拿大出版，3 年后，中译本由北京时事出版社出版。1985 年 5 月，70 多岁的琼 · 尤恩不顾身体不便，以惊人的毅力，在女儿的陪同下，坐着轮椅重访中国。1987 年 10 月 31 日，琼 · 尤恩因病在加拿大去世。按照她的遗嘱，其女儿于 1988 年 5 月将她的骨灰护送到中国，安葬在河北唐县晋察冀烈士陵园白求恩墓的右侧，长眠于她为之魂牵梦绕的土地上。

中共“特别党员”奥地利医生罗生特

在山东抗日根据地，有一位支援中国抗战、被陈毅元帅尊称为“活着的白求恩”的奥地利医生罗生特。

初入新四军

罗生特，原名雅各布·罗森弗尔德，1903 年出生于奥地利加利齐恩的莱姆贝格。1923 年考入维也纳大学医科系，专攻泌尿科、妇科。1927 年毕业进入国家医院，因参加奥地利社会民主党积极开展革命斗争多次被捕入狱。1939 年初被德国法西斯驱逐出奥地利且永远不准返回。他便带了医疗器械和随身物品来到中国。当时的中国既是东方反法西斯战争的主战场，又有以毛泽东为核心的坚决抗日的共产党和经过两万五千里长征的人民武装，他要以自己的专长为中国抗战事业服务，为打败法西斯贡献力量。来

资料来源：节选自祝小茗．中共“特别党员”奥地利医生罗生特[J]．党史文汇，2018（2）：41-44.

华前，奥地利社会民主党介绍他到上海，与德国共产党员汉斯·希伯联系。希伯与他同为犹太族，已与中共地下组织建立了联系。

初来中国，罗生特用小妹寄来的生活费在上海法租界开了诊所，立住脚跟。希伯从皖南新四军回上海后，罗生特当即联系并加入希伯组织的学习小组，通过学习马列主义、毛泽东著作，对中共和抗日根据地有了更多的了解。他多次提出到根据地参加战地救护工作的要求。希伯经过一段时间考察认为他在政治上是坚定的，便于 1940 年 10 月约他与新四军在上海的地下工作者吴之理会面，吴之理又向新四军卫生部长沈其震作了汇报。中共党组织批准他到新四军工作的要求。1941 年 3 月，经周密安排，沈部长带他抵达新四军军部驻地江苏盐城。

在欢迎大会上，罗生特发表了热情洋溢的讲话，介绍了奥地利人民反法西斯斗争情况，决心在中共领导下毫无保留地将医术贡献给抗战事业。新四军军部任命他为卫生部顾问，协助沈其震工作。1942 年春，他提出入党申请，陈毅知道后，爽快地自愿为他作入党介绍人，并帮助他积极进步。经上级党组织同意，罗生特作为特别党员被吸收入党。这在党史上是很特殊的。

在新四军，他和卫生部副部长崔义田、主任齐仲桓一起，忙于开展军部以及附近第三师的医疗诊断、手术和讲学工作。军首长给他配备了警卫员、饲养员及一匹驮医疗器械的大洋马。1943 年，军部选调能说英语的卫校毕业生方政给他当翻译和助手，他和方政、警卫员李光 3 人形成一个亲密无间的医疗小组。除从事医疗工作外，他还创作歌曲、写文章，做宣传鼓动工作，并以自己的亲身经历和调查访问为素材撰写反映根据地军民火热斗争生活的著作。

妙手回春救元帅

为更好地发挥罗生特的作用，为中国革命服务，新四军曾于1942年、1943年两次送他去延安，但都因路途安全没有保证未能成功。第二次预定经新四军第四师驻地皖东北、绕道重庆北上延安。由于地下交通线中断他滞留在第四师。第四师师长彭雪枫、政委邓子恢请示军部请求他在第四师工作一段时间。1943年春，八路军山东军区司令员兼政委、第一一五师代师长兼政委罗荣桓因患尿血症，被陈毅推荐到第四师找罗生特诊疗。经详细检查，他认为罗荣桓患的是肾癌，但因没有X光机无法确诊，不敢贸然进行手术治疗，即暂时采取保守疗法，待有条件时再外出就诊。经他精心治疗和调养，罗荣桓的病情大有好转返回山东。

不久，罗荣桓尿血症复发，陈毅指派罗生特到山东为其治病。当征求他有什么要求时，他提出需要一位精通医术又懂德语的合作者。不久，陈毅派毕业于河南大学医学院、北平协和医院研究生班，会讲德语、英语的时任新四军第七师卫生部长黄农同去山东。1943年9月下旬到达山东军区驻地滨海区莒南县。罗荣桓请他担任军区卫生部长，他十分谦虚，坚辞不受，罗荣桓只好安排黄农任部长，罗生特任顾问。

为尽快诊治罗荣桓的疾病，罗生特费尽心血。一到山东就进行全面检查、化验，结论为：再次出现血尿是因疲劳过度，建议罗荣桓住到卫生部，暂时摆脱繁忙的工作环境以保证治疗。为控制住病情，他制订了周密的治疗方案。每天起床后的第一件事就是给罗荣桓摸脉搏、测血压、观察小便、检查饮食安排。有时夜间也进行观察。经过一段时间精心治疗，罗荣桓的病情明显好转。1943年冬，日军向山东根据地大举“扫荡”，罗荣桓因夜以继日地工作，治疗计划被打乱，刚刚有所好转的病情又加重了。在整个反“扫荡”中，罗生特跟随罗荣桓前后千方百计采取治疗措施，并对其活动严格限制。罗荣桓大部分时间都是躺在担架上指挥作战的。

罗荣桓的病情从1944年起渐趋严重。为确诊病情罗生特用山东军区仅有的一台容量很小的X光机拍片，但片子很不清晰，对比度不好。于是派人去上海买回一部大的X光机，但没电源又无配套的发电机，他只好用金属膀胱镜做尿道检查。每次检查罗荣桓都疼得大汗淋漓。他还不分昼夜地翻阅书籍资料，并向罗荣桓夫人林月琴详细询问司令员身体情况，同她一起研究症状和护理方法，向她提出观察病情、收集尿样的要求。在他的对症治疗和精心护理下，此后两年中罗荣桓的病虽反复发作但仍能保证正常工作。林月琴后来回忆说：“罗大夫很会体会我这个做妻子的心理，他对我的安慰和要求是那样细致入微。他是一个高明的大夫。他对病人的治疗，不仅是生理的，而且是心理上的，不仅是病人本人，而且涉及病人身边的人。罗生特对罗荣桓的治疗是有功的。如果没有罗生特这位泌尿科专家的精心治疗，罗荣桓同志将会遭受更大的痛苦和折磨。”

抗日根据地的又一位“白求恩”

罗生特在给罗荣桓治病的同时，在军区卫生部直属医院也担负着重要工作。他医术高超，对工作极端负责，对同志特别热忱，把所有心血都花在救死扶伤、治病救人上。当时，根据地党政军领导人、各界社会名流和周围群众都来找他看病，每次战斗结束后都有大批重伤员送来请他处理，平均每天他都要看几十个病人。首长为保证他的身体健康，给他规定了看病时间、人数，但这些规定常被他打破。在山东，他究竟给多少军民治过病、挽救过多少人的生命，无法统计。就连他自己也幽默地调侃道：“医生好不好，看看身边有没有病人就清楚了，看来我这个大鼻子医生还算合格呀！”

老红军、八路军山东纵队第二旅四团二营营长曾炳华，在甲子山战役中左腿负重伤，在旅医疗所、滨海军分区医院治疗 16 个月，伤势却越来越重，人也被折磨得骨瘦如柴，最后转到山东军区卫生部，经罗生特实施了两次大手术后竟奇迹般地好了。莒南县坊前乡一妇女，患重病多日汤水不进，昏厥休克，家人认为她已死去正要给她准备后事，罗生特路过立即实施抢救，后来她活到 80 多岁。还有一次，罗生特下午 2 点多正准备吃午饭，门外抬来一个已“没有指望”的姑娘，父母哭天呼地指明要罗大夫救孩子。他检查后进行手术，从病人胸部清理出两大盘浓血救活了。1943 年冬，滨海区党委书记兼军区政委符竹庭在赣榆战斗中头部负伤，他得知后当即出发，罗荣桓为其安全，特派一个骑兵班前往追赶。当追上时他已步行走出 10 多公里。因赶路急促他的心脏病发作起来，但他不顾病痛坚持到符竹庭身边抢救。可惜符竹庭伤势太重经抢救无效牺牲，而罗生特深为自己迟到一步悔恨了好久。

他在妇产科领域也有很深的造诣，前来投医的女同志成群结队。他从一般妇科病、妇女不孕症到少见的生殖系统疾病都有精妙的治疗技术。1944 年，有位参议员彭老太太患乳腺癌并伴严重尿血症状。在当时的医疗环境下做这种手术困难很大。但他经过仔细准备成功进行了根治手术。这年秋天，山东军区为 50 岁以上的同志举行集体祝寿，他被特邀参加。活动进行中，有位村长突然来报告说，有一位产妇难产生命垂危。他急匆匆赶到时她已休克，听不到胎音。而炕上除席子外找不到任何干净东西。他把会上刚发的印有“寿”字的新毛巾垫在产妇身下迅速将死胎引出，挽救了产妇生命。几年来被他治愈的患者越来越多，群众称赞他是“妇女的救星”和神医。

“真正高尚的人”

罗生特不仅是一位技术卓著的医科专家，还是一位出色的医学教育工作者。他作为山东军区医学顾问，根据当时严重缺医少药的情况，狠抓医务人员的培训和医院建设，并亲自授课。他讲课时，由黄农当翻译，采用通俗的语言，生动的讲解，使学员们听得懂记得牢。在他的关心与指导下，一批批医护人员成长起来，许多人成为我军卫生战线上的骨干。他在莒南县陈家老窝村亲自设计，建起一所有近百间房屋的战时医院，其规模在当时的根据地中是首屈一指的。

罗生特到山东后，军区首长决定给予他特别照顾，每月发给他 300 元北海币作生活费，服装和首长同等待遇。他恳切地说：“我也是中共党员、八路军战士，给我这么多生活费会脱离群众的。”首长解释说：“你的生活习惯和我们不一样，时间长了会把身体搞垮的。”但他极力婉拒：“我的身体不是很好吗？若为了享受我就留在上海了，不会来新四军和山东的。”在他的一再要求下生活费减少到 100 元，实际上连这个标准也达不到。他经常用生活费给伤病员买营养品，还有时请同志们聚餐。由于工作劳累，生活艰苦，他魁梧的身形慢慢消瘦了。

他来中国时尚未成家，1941 年进入华中根据地时已 38 岁，到山东时已 40 岁。大家都很关心他的婚姻问题纷纷给他介绍对象。一直到 1949 年离开中国时他都婉言谢绝：“我虽喜欢有异性伴侣的生活，但结婚是件大事，我愿将来回国找本国人结婚。”在抗日根据地，他深知中共领导的人民军队里男女生活的严肃性，对中国纯洁的男女关系、风俗习惯非常尊重。因工作关系，他和女性交往较多，但非常注意自己的一言一行。为女病人查病治病时，他一定请其他女同志在场，虽处于敌后艰苦环境但始终恪守这条原则，因此，赢得患者的无限尊敬和一致好评，称他是“真正高尚的人”。

抗战胜利后他被派往东北工作，任东北野战军一纵队卫生部长。1949年11月，他返回奥地利。1952年4月22日，因心脏病发作在以色列去世。

罗生特走了，但其英名和国际主义精神却永远留了下来。

第三篇

志同道合的伉俪

在新四军的医疗卫生队伍中，有许多白衣天使、巾帼英雄，她们怀着同样的爱国热情和保家卫国的决心，投身革命队伍，从一个孱弱的女性成长为一名坚强的革命战士。在新四军队伍里，我们的卫生队既是医疗队，又是战斗队，而她们则既是卫生员，又是战斗员。在战斗中，她们和男同志一样，舍生忘死，奔赴一线，冒着枪林弹雨，冲锋在前，投身战场，在敌人的炮火中抢救伤员，实施战地救护，甚至不惜牺牲自己的生命去救护受伤的战士。她们是无私无畏的战士，是奋不顾身的勇者，是我们永远景仰的英雄！

在同样的革命信仰与同生共死的战斗考验中，她们与志同道合的革命战友升华了亲情，产生了爱情，结为伉俪，成为伴侣，共同为新四军医疗卫生事业和国家解放事业作出重大贡献，甚至作出极大的牺牲。他（她）们得到了广大战友们的敬重与爱戴，被尊称为“红医伉俪”。

本章以陈茂敏与孙秀兰、吴之理与章央芬、崔义田与薛和、张贤与庞露、李坡与孙惠等5对新四军中的红医伉俪为代表，通过他们共同战斗的历程、无私无畏的奉献和功勋卓著的战绩，来展示红色医生的不同侧面，让我们看到新四军医疗卫生队伍中处处闪光的瞬间和件件感人的故事。她们中有的从抗日战争，到解放战争，又到抗美援朝战争，再到新中国的建立和社会主义建设，用一生的奉献来践行共产主义的伟大理想和为党、为国家、为人民的伟大责任。他们的名字如山岳，如江海，如巍巍昆仑，值得我们永远铭记！

陈茂敏与孙秀兰夫妇

陈茂敏、孙秀兰两个农家孩子，一对革命夫妻，无论是战争年代，还是建设时期，他们携手并肩，用不懈的努力和浴血奋斗书写着他们医者仁心的人生。

少年好儿郎　参军打日寇

陈茂敏，1925 年出生，原籍江苏宿迁。1940 年，新四军来到了宿迁，还在村里读私塾的陈茂敏，目睹了新四军与国民党军队的截然不同。国民党军队与日本强盗沆瀣一气、鱼肉百姓，致使无数百姓家破人亡、流离失所；新四军却爱憎分明、浴血奋战打日本鬼子，为的是更好地帮助老百姓翻身求解放，是为老百姓谋利益的。1942 年，陈茂敏来到了淮北根据地创办的淮北中学求学。在学校里他经常接受新四军教员讲授新民主主义革命

资料来源：节选自汤如成．革命战友　杏林伉俪——记新四军老战士、军医陈茂敏、孙秀兰夫妇[N]．盱眙日报，2022-03-03（04）．

理论和抗日战争的形势教育，在老师的带领下参加当地政府组织的减租、减息等群众运动，还经常到附近农村为老百姓做宣传工作，听农民对地主剥削的诉苦，提高了阶级觉悟，认识到新四军才是解放穷苦大众的军队。

1944 年夏天，陈茂敏背着家人，约上几个同学，连夜赶到泗洪县半城新四军四师驻地，报名参加了新四军，开始在四师卫生部卫校学习，先后做过学员、见习医生、队长、主任军医、分院副院长等。1945 年 8 月，在四师卫生部加入中国共产党。他跟随部队转战南北，北撤过黄河，南下渡长江，先后参加了豫东战役、莱芜战役、淮海战役、渡江战役和解放京沪杭等战役，出生入死，抢救伤病员，屡立战功。1946—1947 年陈茂敏因救治重伤员有功，记一等模范、二等模范各一次。1947 年豫东战役记四等功一次。1949 年淮海战役记三等功一次。1956 年被国防部授予中华人民共和国解放奖章。1955 年被授予大尉军衔，正营职。

1958 年，部队精简，陈茂敏同志服从命令，从部队转业。本来组织上根据他的条件，可以照顾他就地安排在上海、杭州工作，而他却打报告主动要求到艰苦的地方去，后来就分配到了江苏省盱眙县。

平凡农家女　奋斗革命路

1924 年，孙秀兰在睢宁县凌城区孙家庄的一个普通农户家庭出生，未婚夫陈茂敏是宿迁县龙河区人，1944 年从淮北中学参加新四军，走上抗日前线。当时孙秀兰已经和陈茂敏定亲，尚未结婚。1945 年春上，孙秀兰从前线回来养伤的乡亲那里得知陈茂敏所在的新四军到达鲁中，便瞒着家人日夜兼程赶路，找到陈茂敏所在的新四军，从此也参加了抗日队伍，走上了革命道路。

1946年，两人在部队结了婚。婚后，孙秀兰先后在新四军四师卫生部、三野四院、三野二院、解放军第九九医院当战士，参加过北撤、莱芜战役、淮海战役、渡江战役等著名战斗。在革命战争年代中，转战南北，出生入死，在战场上抢救了许多伤员。

战争时期，条件相当艰苦。有一次，部队奉命北撤，过黄河时，上面有敌人的飞机轰炸，下面水流湍急，小船被炸翻，许多战士被水冲走，孙秀兰拼命抓住一位大个子战士的皮带，才幸运地过了黄河。当时卫生队与孙秀兰同行的有11名战士，到了北岸，只剩下了3人。孙秀兰在部队负责抢运战场伤员，她和战友们先后在战场上冒死抢救过好多位伤员。有一次部队与敌军在山岗上发生激烈的战斗，双方伤亡都很大，子弹在耳边呼呼穿过，孙秀兰和战友们将自己的生死置之度外，冒着枪林弹雨，在前线的死人堆里反复翻找，终于又从死亡线上拉回了几位奄奄一息的重伤员。她们机智勇敢冒死营救伤员的英勇行为，战后受到部队领导的嘉奖。由于表现英勇突出，她先后荣获淮海战役纪念章、渡江战役纪念章等多枚奖章，1956年被国防部授予中华人民共和国解放奖章，1956年服从命令从部队转业复员。

转业到地方　医技献都梁

1958年盱眙县委安排陈茂敏同志任县卫生局科长兼县人民医院院长，负责全县的卫生工作。当时全县卫生条件薄弱，县医院一开始在第一山玻璃泉，后来搬到盱中山上。陈茂敏同志怀着高度的革命事业心，以全县人民卫生事业为己任，为改善医疗条件，减少老百姓疾病痛苦，全身心积极筹划县医院的发展，在极端困难的情况下，多次跑省城争取资金设备，规划选址在盱城城南，艰苦创业，在较短的时间，把一个很小的卫生院逐步建设成为初具规模、科室齐全的县人民医院，极大地改善了全县的医疗条件。

陈茂敏在部队从事医务工作达15年，业务上认真学习，刻苦钻研，医术精湛，享有较高的声望。他长期坚持值班坐诊，医治各种疑难杂症，亲自主做各种手术，受到全体医务人员的一致好评。同时为了提高医务人员水平，陈茂敏同志发挥自己的军医特长，亲自为新进来的医务人员授课，提高了全院整体医疗水平，为县医院的发展奠定了基础，为全县的医疗卫生事业作出了很大的贡献。陈茂敏同志不仅医术精湛，而且医德高尚，坚持救死扶伤，视病人为亲人，不分白天黑夜，为群众看病救治，经常给吃给穿，还垫付药费。1961年，岗村公社一农民病危，交通条件很差，没有汽车，更没有救护车，为抢救病人，陈茂敏同志发扬部队作风，骑自行车赶往六七十里外的岗村，经抢救，病人得救了。回来时，因天黑在泥路上不慎摔伤，腿胫骨断裂（后经鉴定为三等甲级伤残）。他曾数次为抢救病人，义务献血。有一天，一傅姓哑巴工友深夜突患急病，经诊断为大出血，生命垂危，陈茂敏主刀手术，急需输血，当时深夜找不到输血员，他立即说："抢救病人要紧，我是O型，就用我的吧！"边说边撸起袖管当即献血400CC，并坚持做完了手术，病人终得转危为安。后来病人家属送来两只老母鸡，他知道后立即骑着自行车送了回去，然后又去值班坐诊。盱城老百姓称陈茂敏同志为白求恩式的好医生。

孙秀兰参加革命多年，为祖国的解放事业贡献了青春，于1956年服从命令从部队转业，复员后就地安排在解放军第九九医院转为无军籍职工，1958年因部队精减人员，服从组织决定，经上海警备区批准退职。退职后，放弃美丽富饶的浙江南浔优厚待遇的工作安排，选择了随丈夫一起来到了当时艰苦贫困的江苏省盱眙县盱城镇安家落户。她始终保持和发扬部队优良传统和作风，从不居功自傲。尽管年老体弱，没有退休养老金，也仅享受老复员军人定补，生活清贫，但从未向国家提过什么要求，和子女们住在一起，过着淡泊而幸福的晚年生活。

吴之理与章央芬夫妇

一对思想进步的医学院同学

吴之理和章央芬都是思想进步的医学专家，而且是一同走上革命道路，并喜结连理，成为铁军队伍里的红医伉俪的。

吴之理是安徽省泾县茂林镇人，1915 年 8 月出生，1931 年，吴之理毕业于上海沪江大学附属中学，同年考入圣约翰大学预科。1932 年，转入国立上海医学院读书。在这里，他和章央芬是同班同学，他们一同学习，一同宣传进步思想，参与抗日救亡。

1937 年夏，吴之理以优等成绩读完本科到南京鼓楼医院实习。这年 7 月 7 日，爆发了震惊中外的“七七事变”，随之日军即加强了对经济重心上海的挑衅。8 月 9 日，日军侵入上海虹桥机场警戒线滋事，并集中多艘战舰，以海军陆战队登陆。8 月 13 日，集结驻沪陆军及海军陆战队万余人

资料来源：节选自马培荣．新四军红医伉俪之吴之理与章央芬 [N]. 盱眙日报，2022-08-13（04）.

进攻我驻沪部队，挑起淞沪战事，占领上海，又进攻苏南、南京。南京沦陷前夕，吴之理和逃难民众一起撤往武汉，在国民党陆军重伤医院工作，并报名参加林可胜教授在武汉组建的“红十字会救护总队”。这年年底，新四军宣布成立，军部军医处处长沈其震招募人员，吴之理和郑迺光、戎和卿等一起毅然决然地报名参加了新四军，并动员自己的女朋友章央芬，让她也来参加新四军。

章央芬是江苏无锡人，原名章茂兰，1914 年出生。1931 年 17 岁时就成为苏州省立女子师范学校的学生。1932 年她用姐姐章央芬的毕业证书，报考了国立上海医学院，并以高分考中，进入国立上海医学院读六年制本科，从此就改名章央芬。在这里，章央芬还遇到了同学吴之理，1937 年夏与吴之理等一起到南京实习，吴之理在南京鼓楼医院，章央芬在南京中央医院。南京沦陷前，他们随难民一起逃往武汉，章央芬继续在中央医院实习。新四军军部宣布成立后，在吴之理的动员下，她和郑迺光、戎和卿等同学一起，毅然决然地报名参加了新四军。

一起走上革命道路的亲密战友

那时叶挺军长正在筹建新四军。他把自己的老朋友医学博士沈其震请来担任新四军军医处的处长。沈其震接受任命后做的第一件事就是招募人员。他找到林可胜教授抄了一份名单，并逐个去找这些人报名。在吴之理住的地方，沈其震见到了他的同学郑迺光，说明了来意。郑迺光看到沈医生诚恳的样子，答应等吴之理回来就转告他。下班后吴之理和另一个同学戎和卿回到住处。郑迺光说：“今天有一个沈医生来过了，请我们到新四军去当军医，还留下了地址。那人完全是一派学者风度，说话轻声细语的。”

吴之理、郑迺光、戎和卿一起来到沈其震住所，果然看到一个学者风度的人。沈其震把目前急需医生的情况明明白白地告诉了他们，诚恳地欢迎他们来参加新四军，还说叶挺将军就在隔壁，问他们想不想去见一见。三个年轻人久仰叶挺将军的大名，非常高兴地去了。叶军长见到他们就说：欢迎参加新四军，赶快回去准备一下，出发的时间有人通知你们。如果同学中有人愿意参加新四军也欢迎。沈医生的学者风度，叶军长的军人气概一下子就征服了三个年轻人，使他们产生了极大的信任感。他们连想都没有想，连待遇也没有谈，就决定要跟着叶军长走。吴之理还告诉自己的女朋友章央芬，让她也来参加新四军。

后来，章央芬在回忆录中提到，当时他们连新四军是共产党领导的队伍都不知道，只知道叶军长是个英雄，是坚决抗日的。沈医生为人可靠，跟着他们，肯定错不了。那时候他们满心想的就是抗日救国。谁坚决抗日，谁能打胜仗，他们就跟着谁走。

他们是最早参加新四军的医务人员。草创阶段，真是要什么没什么。办医院谈何容易！首先是人员严重不足。吴之理和章央芬，还有他们的几个同学到处写信，找自己熟悉的同学和朋友来参加。吴之理除参加医疗工作外，还承担了采购设备和器材的任务。他们到皖南以后，那个地区正在流行疟疾，老百姓得病的很多，军队也被传染。沈其震手里哪里有这么多的药品？他又一次向他的老师求援。林可胜教授一次就拨给了他200万片奎宁和很多其他的药品，解决了大问题。年轻的医生们对沈医生钦佩至极。

那时上海、南京已经沦陷，沈其震首先从这些家乡沦陷的青年中挑选医生，又找到了宫乃泉、王聿先、齐仲桓、崔义田。宫乃泉是东北人，而且是一个熟练的外科医生。家乡沦陷后，一心要打回东北去。听说新四军去敌后打鬼子，需要医生，他放弃了自己的工作，找上门来。后来又陆续找来了化验员李启宇、护士长杨光、护士薛和、戴锡彤、蒋智和、吴起、郑素文、刘球、潘代青、许寒冰……一个野战医院的基本队伍很快形成了。几年后，这一批年轻的医务工作者在血与火的考验中，成长为新四军各师的卫生部门的领导和骨干力量。

1938 年 1 月，新四军军部迁到南昌，吴之理任新四军军医处外科主治医生、材料科科长，后从事伤科和卫生管理。7 月，章央芬随新四军军部到达安徽泾县云岭。在这里，建立了新四军的两个医院，他们在医院担任主治军医。不久，吴之理担任新四军第 3 支队军医处处长。1940 年 4 月，经批准吴之理去上海学习，其间，为军部购买药材并介绍从“皖南事变”中突围的干部给地下组织送返苏北。

一名合格的翻译令史沫特莱称赞

史沫特莱是美国的进步记者，通过中国红十字会林可胜教授的介绍来新四军采访，但是她不懂中文。到了云岭，她向军部领导提出希望给她配一个女翻译，住在一起，比较方便。在军部，还有一些外国记者也住在医院的宿舍里，原因就是医生们懂外语，便于交流，而且医院的伙食也比较好。当时懂英文的人不多，女的就更少，只有医生受过这种教育。解放前的医学院大多是外国人办的，即使是中国人办的，也会请一些外国教授，加上教材都是外文的，讲课也用外语，所以学医必须先学外语。章央芬和吴之理是上海医学院的毕业生。上海医学院虽然是中国人办的第一所医学院，但创始人颜福庆本人是在美国耶鲁大学医学院接受的医学教育，又在国外工作多年，所以教材和教学全用英语。

新四军的领导人希望全世界反法西斯战线的国家和人民更多地了解自

己，支持自己，对史沫特莱的到来很欢迎，给她配一个翻译显然很有必要。史沫特莱每天要写大量的报道和信件。她写作的时候，章央芬仍然在医院里工作。史沫特莱采访的时候，章央芬给她当翻译。她们住的房间是隔壁。史沫特莱经常工作到很晚，打字机是她的宝贝。章央芬总是听到她的房间里深夜还传出打字的声音。史沫特莱在云岭住了将近 9 个月的时间，连续地报道中国军队的战况，这和章央芬的帮助是分不开的。

附近驻扎着一支国民党的军队，听说新四军来了一个美国记者，也欢迎她去采访。那时，国军和共军是抗日友军。新四军的领导支持史沫特莱去采访，章央芬陪着她去了。两人骑着马很快就到了。迎接她们的国军参谋长高大英俊，能讲一口流利的英语。史沫特莱采访了很多国军军官和士兵，还参观了生活设施。国军的生活条件显然比新四军要好得多，但是走进医务室却只有一些简单的药品，没有看到几件医疗器械，用于外伤的药品也很少。章央芬心里想，如果真的打起仗来，这样的医务室恐怕连给伤兵包扎都成问题。

为了欢迎美国女记者，晚上军营里举行了一个宴会。餐桌上铺了雪白的桌布，摆满了西餐餐具和玻璃酒具。参谋长和 30 多位军官带着夫人来参加宴会。夫人们打扮得漂漂亮亮，化了妆，穿着旗袍和连衣裙。在国土一天天沦丧的日子里，前线部队竟然歌舞升平。

那天晚上，史沫特莱非常真诚地对章央芬说，新四军是真抗日，是和普通百姓同甘共苦的。她又指着背后说，他们大概忘了自己来做什么了。带着这么多漂亮的东西，怎么打仗？她抱着章央芬说，我喜欢你身上的灰布军装，这才是来打仗的。后来在她的《中国战歌》一书中，对这段往事有详尽的描述。

一对红医伉俪为人民救死扶伤

吴之理和章央芬在新四军中一直坚持到抗战胜利。他们救死扶伤，不仅为伤病员服务，同时也为根据地的老百姓服务。那时医务人员严重不足，为了尽快壮大这支军医队伍，他们办过多期医务人员的培训班，甚至在根据地办过两年制的医学院。

1942 年，三师进入阜宁地区，那一地区流行黑热病，很多村子里有 30%~50 % 的人口患有黑热病，这种病的死亡率高达 85 %。不少家庭因为这种病而死绝。因为是传染病，战士中也有不少人被传染，而那时吴之理已经是三师的卫生部长。

三师领导非常重视，因为黑热病的传染源是寄生虫，治疗黑热病用的药物锑剂是有毒的，所以病人必须在医护人员的观察下进行治疗。患病的老百姓得知了新四军能治病，纷纷赶来，病人非常多。1944 年，为了给更多的人治病，吴之理和章央芬一面办训练班，培养医护人员，一面借老百姓的房子，办起了黑热病的医院。病人太多，药品不够用，他们还自己制作了一部分锑剂，工作十分繁重。正是由于他们的忘我工作，三师治愈了近千名当地群众。有些病人出院时跪谢医务人员，高呼共产党万岁。

虽然章央芬思想进步，在工作中成绩卓著，但她总觉得自己出身于大知识分子家庭，小资情调的改造是个很长久的过程，她亲眼看见很多共产党员为了民族解放，献出了自己的生命，觉得自己还相差得很远，所以很长时间不敢申请加入中国共产党。1948 年，也就是在她参加新四军 11 年以后，在领导的启发和同志们的帮助下，她再三思索，下定决心，立志要献身共产主义事业，终于加入了中国共产党。

一颗初心为人民奉献终生

吴之理在解放战争时期任西满军区卫生部部长、东北军区卫生部副部长兼沈阳中心医院（第一陆军医院）院长。

1950 年 10 月，吴之理参加了抗美援朝战争，担任志愿军司令部手术队领导，他率领医疗手术组随志愿军跨过鸭绿江，在炮火连天的战场上抢救伤员，救死扶伤。次年 6 月，任志愿军后勤部卫生部部长、志愿军总防疫委员会副主任委员。在朝期间，吴之理团结全体白衣战士，克服种种困难，艰苦奋斗，作出了很大的贡献。

1954 年初回国后，吴之理任第二军医大学校长。1955 年任中华医学会副会长兼上海分会会长。1961 年任总后勤部科技部副部长。1962 年至 1965 年，出任空军后勤部卫生部部长。1978 年至 1984 年，出任军事医学科学院副院长、顾问。其间，还曾任总后勤部卫生部医学科技委员会常委、第二军医大学教授和军事医学科学院研究员，为部队卫生勤务工作和军事医学教育科研事业发展作出了贡献。吴之理勤于著述、著作颇丰，早在战争年代，曾创办《先锋医务》并出版专著。1980 年组织编写《医学提要》，介绍中医预防和军事医学等 30 个学科基础医学。主编有《抗美援朝战争卫生工作总结》《实用医学大词典》《自豪的回忆》《吴之理医学文选》《吴之理医学文集》《创伤外科学》《各部骨折固定姿势和石膏绷带范围图谱》等，还曾担任《中国医学百科全书·军事医学卷》的副主编。

1955 年 9 月，吴之理被授予大校军衔，荣获二级独立自由勋章、二级解放勋章，1988 年 7 月被中央军委授予中国人民解放军独立功勋荣誉章。

章央芬在解放战争期间曾任白求恩医学院教员、东北军区总医院内科副主任医师，1949 年在沈阳东北军区中心医院立三等功。

1950年转业后，章央芬担任沈阳中国医科大学妇婴学院院长，创办新中国第一批妇幼保健机构，获得中央卫生部表扬。1954年调上海第二医学院任副院长，参加了上海第二医学院初创时期建校领导工作。1961年调任中国医科大学（现协和医科大学），先后任学校教务长、协和医院副院长、学校副校长。1973年，她力主召回协和医大只读一至三年的300余名学生进修、“回炉”深造，挽救了一批医学生。她曾赴匈牙利、日本、美国、澳大利亚等国考察访问。编写和制作了军队医用教材和教具，并发表论文多篇，为我国和军队的医学事业作出了较大的贡献。曾当选为第一次全国妇女大会代表，第一、第二、第三届全国人民代表大会代表。

吴之理和章央芬这对红医伉俪，生活、战斗在一起，风雨同舟，荣辱与共。2004年时为二老举行钻石婚典礼，二老不无感慨地说：从1932年在上海医学院做同学，相识相知已经整整72个年头；1937年底一起参加新四军，共同战斗已有67个冬夏；1941年在上海结婚，相依相伴也已经63个春秋。从青春焕发到夕阳写照，从花样年华到两鬓结霜，他们一直真情相守。回顾90载的人生历程，二老十分满足：“年轻时，我们追求理想，共同奋斗；退休之后，两人朝夕相伴，彼此关怀。无论是事业，还是生活，我们都十分满足。再看着今天蒸蒸日上的共和国，我们真的很欣慰……”吴老笑着补充道：“就是现在去见马克思，我们也不遗憾了！”

2008年8月22日，吴之理同志因病在北京逝世，享年94岁。2011年1月23日，章央芬同志在北京协和医院逝世，享年97岁。

崔义田与薛和夫妇

崔义田号礼门，是奉天（今辽宁）锦西人，1906 年出生。1928 年毕业于辽宁省立第四师范学校，毕业后受聘育贤中学任教。一年后考入辽宁奉天医科大学（后来的辽宁医学院），1935 年毕业后留在附属医院任外科住院医师。看到东北沦陷后的悲惨情景，崔义田义愤填膺，1936 年春，他随着逃难的人群南下关内，寻求抗日。开始在南京第一陆军医院任外科军医，后又转到河南彰德教会医院任总住院医师。全民抗战全面爆发后，他又辗转到湖南湘潭重伤医院任医务主任。

1937 年底新四军军部组建，次年（1938 年）初军部迁驻江西南昌。当他得知共产党领导的新四军是真正抗日的队伍，正要去敌后打鬼子，急需医生时，毅然放弃丰厚待遇，和同是家乡沦陷的青年宫乃泉等一起找上门，经八路军办事处主任徐特立介绍，在南昌参加了新四军。不久，他随军部移驻皖南，在泾县云岭小河口偏僻山村建立新四军第一所后方医院，凭着精湛的外科医疗技术和数年实践的经验，受命负责医院筹建

资料来源：马培荣．新四军红医伉俪之崔义田与薛和[N].盱眙日报，2022-09-24(04).

并担任第一任院长。他因陋就简很快建成了医院，并建立严格的规章制度，为提高医疗水平，还办起短期训练班，培养医护人员和化验员，医院建设成绩显著。就连美国进步作家史沫特莱也对这个医院赞不绝口，她表示：在战争环境下把医院办得这么好，不能不说是奇迹。她称赞说："这是我在中国各战区看到的最好最正规的伤兵医院。"她还写成文章向全中国、全世界报道小河口医院的贡献。

在此期间，崔义田认识了同在医院担任护士工作的薛和。薛和是江苏江阴人，1918 年出生。1936 年考入南京中央高级护士学校，将于 1938 年 2 月毕业。因南京沦陷，她随学校一起到了长沙。1938 年初，新四军军医处处长沈其震得知有一批即将毕业的南京中央高级护士学校的学生随学校迁到了长沙，便赶到长沙，对学生们进行了集体动员。在新四军抗日宣传的感召下，刚刚 20 岁的薛和与郑素文等其他 8 名护士一起，怀着驱除日寇，保卫祖国江山的壮志，毅然报名参加了新四军。来到南昌后，她被分配在新四军军医处任军医处护士。新四军军部移驻皖南时，薛和又积极配合崔义田等工作，筹建了新四军第一所后方医院，并担任医院的护士长。为了提高业务水平，薛和不仅自己认真学习实践，还主动担任军医处举办的医务培训班教员，在第 4 期医务培训班上，她担任班主任。

1939 年 11 月"新四军江南指挥部"成立，崔义田被任命为江南指挥部军医处处长。1940 年 6 月，新四军江南主力在陈毅率领下渡江北上，崔义田带领军医处和医院转移到茅山地区，驻扎在溧阳县前马镇水西村，薛和任新四军江南指挥部司令部军医处医政科科长。在水西村，薛和不仅做好前方战士伤员的救护治疗，还为当地的百姓看病治病，增进了军民鱼水情。村民张小牛腿上生了毒疮，创伤溃烂，久治不愈，肉烂得都看到骨头了。薛和得知情况后，立即向崔义田院长报告，由崔义田亲自为张小牛做手术，薛和亲自护理换药，经过精心治疗，张小牛多年不愈的“老烂腿”终于痊愈。还有一次，溧阳神塘圩村有一个村妇难产，出现大出血，生命垂危，眼看就可能母子双亡。薛和得知消息，背上药箱跑步来到农家，亲自为之接生，硬是将这对母子从死亡线上救了回来。就在这年，崔义田和薛和先后参加了曹甸战斗、黄桥决战等战事。同年，他们先后光荣地加入了中国共产党。

“皖南事变”后，1941 年 1 月新四军军部在盐城重建，崔义田被任命为新四军卫生部副部长，薛和任新四军卫生部医政科科长。他们在共同的理想、共同的战斗生活中，相知相爱，结成连理，成为一对红医伉俪。

1941 年 7 月，日军南埔旅团纠集两万余日伪军向盐阜地区“扫荡”，我新四军被迫进行反“扫荡”。为了彻底粉碎日伪军的进攻，军部直属医院组成了一个战地临时医疗所奔赴前方，爱国友人罗生特也跟随队伍一起行动。当他们行至一片平川地时，正遇上日军飞机在上空盘旋，为保护罗生特，薛和等边卧倒边大声喊道：“罗大夫，快卧倒！”并叫警卫员上前拉他卧倒，用草帽扣在罗生特的光头上。日军飞机飞走后，罗生特摸着自己的光脑袋幽默地说：“噢！我的秃头太亮了，像探照灯一样，给日军飞机作目标，太险了！要不是薛和大夫及时提醒，还真可能出事呢。”这年 10 月，住在竹墩子老乡家的乔信明爱人于玲马上就要生产，正在着急时，崔义田和薛和及时赶到，紧急处理，把孩子（乔阿光）接生下来。原来是崔部长和薛和早就把各人的预产期“记录在案”，所以连续跑了几十里路，才在于玲临盆前及时赶到的。为此，乔信明的女儿乔阿光在《回忆父亲乔信明在黄花塘养伤的日子》的文章中，专门写了这件让她终生难忘的事情。

1943 年 1 月，新四军军部从盐阜地区的停翅港移驻淮南根据地的盱眙县黄花塘。崔义田任新四军卫生部部长，薛和任医政科科长。淮南地区是黑热病高发区，他组织部队和地方一起做好预防和治疗工作，及时地扑灭了疫情。据陈毅之子陈昊苏回忆，就在这年夏天，刚刚 1 岁多的陈昊苏得了一场大病，经过崔义田和薛和的悉心治疗，终于把孩子从死亡线上拉了回来，并恢复了健康，因而陈毅把崔义田当成最信赖的朋友。这年 11 月陈毅应召去往延安，就把夫人张茜和两个孩子托付给崔义田和薛和照料，还专门写了一首诗送给崔义田，体现了他们同生死共患难的革命友谊。

1944 年，淮南津浦路西反顽战斗时，崔义田亲自带领手术队为抢时间日夜急行军，冒着危险通过敌人炮火封锁的津浦路，及时赶到路西黄疃庙前线，投入伤员救护。七旅的韩营长头部负伤，经他亲自手术，得到很好的治疗效果。这年，新四军在淮南根据地筹办了“华中医学院”，薛和参加了华中医学院学习。

解放战争时期，崔义田任新四军兼山东军区卫生部部长，华东军区和华东野战军卫生部部长，第 3 野战军后勤部卫生部部长。中华人民共和国成立后，他任上海市卫生局局长，华东军政委员会卫生部部长。1954 年 4 月，他调任国家卫生部副部长兼北京医院院长，国际外科学会会员，对外文化友好协会副会长，中华医学会副会长、名誉顾问。离休后担任国家卫生部顾问，第四、五、六届全国政协委员。

1949 年，薛和随华东军区、第 3 野战军卫生部南下，进驻上海，任上海市卫生局卫生人员培训所教务处副主任。1951 年经组织推荐，考入上海第一医学院医疗系从事专业学习并兼该系党支部书记。1958 年任北京协和医院党委委员、医疗科室党支部书记、检验科副主任。1965 年起任中华医学会组织部副主任、主任、学术组组长、学术会务部主任、正主任医师。1983 年离职休养。

张贤与庞露夫妇

张贤，原名张兆甫，1915 年出生于上海市宝山县大场乡祁连村顾家巷（今桃浦乡），1934 年来到上海“同仁医院”附设高级护士学校学医。“八·一三”事变时，积极参与抗日救亡，后结识中共地下党员李建模，经李建模介绍，到设在浦东大团地区的浦东时疫医院做医生。在这里，他认识了同在时疫医院做护士的庞露。

庞露，原名庞月娥，曾用名江波，1918 年出生于江苏省苏州市张家港市塘桥镇庞三坝一个贫苦农民家庭，小时候家境贫穷、缺吃少穿，十四五岁就到别人家去做了童养媳。因无法忍受婆家虐待，逃往上海做女佣，后到上海浦东奉贤私人诊所当护工。“淞沪大战”爆发，庞露参与抗日救亡，到上海难民收容所工作，在所里认识了地下党员李建模，经李建模安排，她被派到浦东时疫医院做护士，并以护士身份做掩护，担任李建模的通讯员，负责联络、接头、传递情报。

在时疫医院工作期间，张贤与庞露相识。后经李建模牵线介绍，他们

资料来源：马培荣．新四军红医伉俪之张贤与庞露 [N]. 盱眙日报，2023-07-29（04）．

遂结成了亲密战友，并于1939年春结婚，成为终身伴侣。

1939年春，苏南常熟县人民抗日自卫队（简称“民抗”）总部成立。由于队伍和游击根据地不断扩大，战斗日益频繁，伤员得不到及时救治，经组织研究，决定委派张贤和庞露到常熟抗日游击区建立后方医院，支援那里的抗日战争。庞露与张贤毫不犹豫，放弃大城市生活，奔赴抗日前线，参加革命队伍。为了解决创办后方医院缺少的资金，张贤与庞露拿出了所有的积蓄，变卖了首饰，前往上海采购药械。庞露买了一些必备的药品，张贤通过同仁医院的同事搞到部分医疗器械。他们将这些药品器械装满了3个蒲包，准备带到常熟抗日游击区。

1939年2月8日，庞露和张贤离开上海。当时日军封锁很严，搜查极严，庞露和张贤做了一番乔装打扮：张贤身穿笔挺西装，庞露打扮成大小姐模样，携带三蒲包药械，以返乡开设诊所的名义返回常熟，他们机智地冲过重重封锁——检问所，从上海十六铺搭乘“新江南”号轮船，到达常熟浒浦，找到地下党交通员。交通员又秘密地把他们转送到抗日游击根据地——苏家尖莲荡浜，受到“民抗”司令员任天石等领导接见，并告诉他们“伤病员已在那里等着医生了”，鼓励他们克服困难，创建医院，支援前线。

张贤与庞露一到苏家尖莲荡浜，便一起参加了“民抗”（新四军六师前身），他们用随身带来的器械和药品，因陋就简地办起了“后方医院”。这就是京剧《沙家浜》剧中后方医院的原型。张贤在院内集院长、医生、总务、警卫于一身。当时，敌我斗争形势十分严峻，为提防敌人突然袭击，保证伤员的安全，医院以流动方式为伤员治病，医疗条件十分艰苦。这年夏天，上级配拨了1只中型木船，从此，后方医院“搬”到了船上，成了水上“流动医院”，小船便于转移，又易于隐蔽，治疗条件稍有改善。不久，叶飞以新四军老六团扩建成“江南抗日义勇军”（简称“江抗”），并率领江抗部队东进。“民抗”与“江抗”合并后，新四军老六团卫生队也和常熟“民抗”后方医院合并成立“江抗”后方医院，张贤改任医务主任，庞露担任护理部主任。

虽然开展医疗业务困难重重，但由于张贤及其他医务人员对工作的认真负责，疗效卓著。其中，包括治愈了面部受重伤，满口牙齿全毁，下颏骨碎裂，以及另有右上臂弹穿骨折等若干重伤员。当地群众找后方医院求医者，亦络绎不绝。1939 年 11 月，医院在常熟曹家浜（“沙家浜”的原型）时遭敌军包围，庞露和部分伤员突出敌军包围后，她毅然将自己的鲜血输给伤员包克明，挽救了包克明的生命。面对敌人封锁，伤员缺药少食，庞露夫妇拿出自己微薄的津贴（每月仅一元五角）买来红糖，化成糖水，给伤员补充营养。他们自制土方为伤员医治：收集鸡蛋壳，在锅里烤黄磨成粉，为肺结核病员补充钙质；用硫黄粉加生石灰放水里煮，用以治疗伤员疥疮。寒冬腊月，庞露用砖块烧热包上破布，给伤员热敷；没有消毒设备，用农家蒸笼消毒医疗器械，用门板和桌子当手术台。莲荡浜贫农孙根乔腹腔生脓肿，长期发高烧，张贤和庞露一起前往做手术，排除腹腔脓血，不嫌伤口恶臭，及时换药、护理，还拿出仅有的钱买营养品给他补养，不分昼夜地精心照顾，不久孙根乔痊愈。张贤、庞露夫妇救死扶伤的故事，在游击根据地流传开来，谱写了一曲曲军民鱼水情深的颂歌。

1941 年，张贤加入中国共产党，庞露被选送至新四军军部“抗大”五分校学习，参加反“扫荡”战斗，也光荣地加入了中国共产党。此时，张贤担任新四军第六师十六旅卫生部部长，庞露在“抗大”五分校毕业后，任十六旅医政干事、教导队医生、卫校教员等职。

其时，“江抗”后方医院逐步扩大，医务人员也增多，医院新参军人员亟须提高文化及掌握医疗技术。张贤就举办短期医药卫生训练班，亲自编写教材上课，运用生动而形象化的教学方法，帮助学员迅速掌握医疗技术。至1943年先后共办过4期卫生短训班，每期时间3个月左右，学员四五十人。

1946年6月26日，国民党反动派公然撕毁停战协定，调集重兵进攻我解放区，挑起全面内战。我解放区军民奋起抵抗，解放战争就此爆发。7月，张贤调任淮北七分区卫生部长。七分区地处津浦路东至运河以西的苏皖边区，境内含有泗东、泗南、泗宿、泗阳、淮宝等县大部或部分以及洪泽湖管理局（后改为洪泽县，治所先驻临淮头，后迁高良涧），是淮北根据地的中心地区。张贤到任后，立即奔赴前线，参与战斗，救治伤员。由于敌人重兵来袭，七分区组织人员向运东撤退。在撤退过程中，突然遭到敌人的重兵包围，七分区决定分散突围，部分退守洪泽湖芦苇荡。张贤则带领一部分同志向东突围，他和同志们一起顽强战斗，打退了敌人的多次进攻，最后终于撕开一道口子，奋力突出了重围。

张贤突围回淮城后，得知还有部分战友没有突围出来，被困在洪泽湖的芦苇滩上，其中有几个医护人员和伤病员，便要求带人前往营救。领导对他说："你们好不容易才突围出来，已经是九死一生了。既已突围，就不要再回去了，实在是太危险。"张贤说："前方还在打仗，还在流血，还有伤病员需要救治，我是医生，更是党员，又是卫生干部，寻找和救治他们是我的责任啊，我不能因为自己突围出来就不管他们了。我必须再回洪泽湖。"

当时，爱人庞露刚生了第二个孩子，她对张贤说："这边也需要你，你就不要去了吧，万一牺牲了叫我怎么办啊？"张贤安慰她说："万一我牺牲了，还有组织。组织会照顾你的，参加革命就不能怕死！"他把两本笔记本交给她，说："留下这个，作个纪念。"

第二天，张贤告别了妻儿，带领几名战士重上征途。张贤带领战士们驾船来到洪泽湖上，在各个苇滩、河汊、小岛上搜寻到散落的十几个伤病掉队人员，并及时为他们诊治。当他们正准备乘船前往湖东时，却不料被敌人发现，大批敌人开着汽艇、划着木船从四面八方包围过来，子弹像雨点一样向他们袭来。张贤和战友们一起与敌人展开激战，由于敌人的火力太猛，不少同志光荣牺牲，张贤也身中数弹。尽管他们拼尽全力，但根本无法突围，张贤他们的小船被敌人团团围在湖中，已经弹尽粮绝。看着穷凶极恶的敌人，张贤对另外两个战友说："就是死也不能做俘虏。我们现在跳水，分头突围，能出去一个也是好的。我不会游泳，肯定会被淹死，就当我是投湖自尽了。同志们，胜利的一天总会来到的！"说完，便一头跳进深深的洪泽湖中。

残暴的敌人用机枪向水中扫射，张贤又一次中弹。敌军一个头目见张贤在湖水中沉浮，大声叫道："这个拿手枪的一定是新四军干部，快，下去把他捞上来，回去好领赏！"敌人把奄奄一息的张贤捞上船，又拉到湖边的马浪岗上岸。这里是洪泽湖南岸，属安徽省盱眙县枳老区（枳头桥、老子山）戚家洼，因地处淮河入洪泽湖的入口处，故称"大河头"。敌人把气息奄奄的张贤拖到岸边高地，敌军头目恶狠狠地说："赶快投降吧，我们给你治伤，以后跟着我们国军干！"

张贤用尽力量缓缓地抬起头，坚定地说："做你的梦去吧！我是共产党员，誓死不投降，更不会和你们反动派同流合污。'刮民党'（国民党）马上就要完蛋了。要向人民投降的是你们！"接着大声地高呼："中国共产党万岁！新中国万岁！人民胜利万岁！"

敌人头目恼羞成怒，举起刀向张贤砍去，刀光血影，张贤倒在血泊之中。恶魔般的敌人还不放手，又残暴地砍下了张贤的头颅，还将他的尸体抛进了滔滔大湖。

张贤光荣地牺牲了，那年他才 31 岁。后来，张贤被部队和国家民政部认定为革命烈士。

张贤走后不久，庞露接到通知：张贤同志在 1946 年 7 月 16 日重返洪泽湖寻找伤病员时，在船上遭到敌人袭击，光荣牺牲了。年仅 25 岁的庞露听到这个消息犹如晴天霹雳，几乎昏死过去。但她忍住哭泣，抹去眼泪，坚强地站了起来。她坚定地说：“贤，你的血不会白流的！”张贤牺牲后，庞露独自带着两个孩子继续投身于解放战争的洪流，转战南北、出生入死，辗转在炮火纷飞的战场上，抢救治疗伤员，直到全国解放。

新中国成立后，庞露被分配至苏南军区卫生部直属队任队长。1956 年转业至地方工作，任南京南化公司医院院长，1961 年任省红十字会办公室副主任，1980 年任江苏省中医研究所顾问。1983 年离休，享受副厅级待遇。因在抗日战争、解放战争中的突出贡献，庞露荣获了中华人民共和国三级独立自由勋章、三级解放勋章。2009 年 12 月 30 日庞露因病逝世，葬于苏州张家港市塘桥。

1951 年，庞露曾写信给当年新四军后方医院院长、时任华东军政委员会卫生部部长的崔义田，询问张贤牺牲经过，崔义田亲自回信向她讲述了当时的情景。后来她又与地方联系，询问张贤牺牲的地点，因当时洪泽湖属江苏省，而牺牲地在盱眙属安徽省，无法查找。1955 年盱眙县划归江苏省，1956 年重建洪泽县，庞露于 1957 年又致信洪泽县人民委员会，要求寻觅张贤的遗体。洪泽县人民委员会民政科给庞露复信，告诉她张贤牺牲在盱眙县戚家洼大河头，由于当时白色恐怖，环境恶劣，烈士遗体被敌人抛入大湖，现已无法查找实迹。

2009 年庞露去世后，其子张克宁将母亲骨灰安葬，并为父亲也安置了一个墓穴，小心翼翼地将战争年代父亲写给母亲的信放入墓穴中，以表达对为革命牺牲的父亲的哀思。

在三集革命历史纪录片《红色医生》拍摄过程中，剧组还专门采访了张克宁同志。张克宁向拍摄组的同志讲述了父辈救死扶伤、为民服务、为革命奉献一生的事迹，也讲述了许多铁军红医可歌可泣的感人故事。

李坡与孙惠夫妇

李坡，湖北武汉人，1916年出生。1938年抗战开始，李坡便参加了新四军，1939年4月加入中国共产党，1940年底起历任新四军军医处医务员、副科长，新四军江北游击纵队二大队医务主任、新四军江北指挥部军医处副科长。新四军军部重建后，1941年来到淮南根据地，在新四军二师卫生部任医政科科长，后任二师五旅兼路西军分区卫生部部长。1946年新四军北撤山东后，任华东野战军第二纵队卫生部副部长、部长，苏北兵团卫生部副部长、部长，苏南军区卫生部部长。

孙惠1919年3月30日出生于常州溧阳别桥镇，曾在溧阳县城就读中专学校。1938年11月，孙惠在溧阳参加新四军，随后赴皖南泾县新四军教导总队学习。1940年，孙惠奉调新四军江北指挥部，分配在新四军五支队并东进淮南路东，来到盱眙半塔、古城和黄花塘地区。“皖南事变”后新四军军部重建，五支队改编为新四军二师，孙惠历任文化教员、宣传干事、医政股长等职。1943年加入中国共产党。1946年随部队北撤

资料来源：马培荣．新四军红医伉俪之李坡与孙惠[N].盱眙日报，2023-09-02（04）.

山东，编入解放军华野二纵。

1943年，李坡时任新四军二师五旅卫生部部长，孙惠时任医政股股长，他们在共同战斗中产生了爱慕之情，经首长介绍和组织批准，结为夫妇。

1950年11月，抗美援朝战争爆发。李坡奉命参加中国人民志愿军准备入朝作战，他回家对孙惠说：“美国鬼子进攻朝鲜，战火已经烧到我中国边境，我马上要去朝鲜，狠狠地揍这帮美国鬼子。”孙惠听了，急了：“怎么？打仗怎么把我给忘了？你去上前线，把我留在后方，不成。”她说：“要死一块儿死，要活一块儿活，不要留一个活受罪。”于是孙惠找到上级组织，毅然决然要求入朝参战。领导说：“你有三个小孩，要人照顾啊，你们两个都上前线，孩子怎么办？”孙惠说：“家里有我母亲呢，孩子留给她照顾。我和李坡一起上前线，一是相互有个照应，更重要的是，我也是医务工作者，救死扶伤，治疗伤病员，我可是强手。”在孙惠的一再要求之下，李坡和孙惠夫妻俩都得到批准，孙惠将3个年幼的孩子（其中大的6岁，最小的刚满周岁）交给自己的母亲，整装待发。

就这样，李坡被任命为志愿军九兵团卫生部副部长，孙惠任九兵团直属医疗队队长，一起开赴抗美援朝前线。鉴于形势紧迫，九兵团入朝准备仓促，十五万大军冬装严重短缺，部队在零下三四十度的极寒条件下常常吃不饱饭，没有房屋居住，在冰天雪地中露营、行军作战。孙惠他们参加了五次战役以及1951年的阵地防御作战，亲历了无数次惨烈的战斗，在战场上，他们冒着敌人的炮火，奋不顾身地冲到前沿阵地，及时地救护伤员。有时在一个山谷中同时送来急需抢救的伤员达千人以上，有时一天下来向后方转移的就有2000多名伤病员，兵团直属医疗队承担着极其繁重的伤员抢救任务，孙惠和她的医疗队战友们夜以继日地拼命工作，抢救战士的生命，细心照顾伤病员，处理、包扎、做手术，给重伤员喂饭、喂水。作为一线的救护人员，孙惠她们也冒着生命危险。有一次跟随部队转移的途中，孙惠下车到路旁树丛中解手，一颗炮弹落到她们乘坐的车上，一车的战友全部牺牲。这些触目惊心的场景，孙惠在多年之后仍时常向后人提起。

孙惠、李坡告诉后人，抗美援朝是新中国成立之后的立国之战，我们今天享受的国家尊严与和平幸福生活，是那么多战士用鲜血和生命换来的，一定要永远铭记啊！

从朝鲜回国后，李坡先后就读于中国人民解放军第二军医大学、协和医学院，后任南京军区后勤部卫生部副部长、部长、后勤部生产部部长、后勤第 16 分部部长、南京军区后勤部副部长。1955 年授衔为解放军军医上校，1964 年晋升为解放军大校，被授予二级独立自由勋章、二级解放勋章、独立功勋荣誉章。孙惠则就读于中国协和医学院，1955 年毕业后任南京军区第八一医院医务部主任，同年被授予少校军衔，荣获三级独立自由勋章和三级解放勋章。1955 年全军首批授衔女军人中，被授予将校者仅 44 人，孙惠是已知常州溧阳籍中唯一的开国女校官。

第四篇

纪录片《红色医生——新四军卫生工作的故事》

三集纪录片《红色医生——新四军卫生工作的故事》以“硝烟战火挡不住我们的路，披荆斩棘也要把你救护”为主题，分为《救死扶伤》《医者仁心》《理想摇篮》三集，再现了抗日战争时期新四军战地医疗队为抗战作出的贡献，追寻新四军卫生工作背后的深层历史意义。影片在央视国防军事频道 CCTV-7 播出后，引起极大的反响。

本章全文展示了《红色医生——新四军卫生工作的故事》纪录片的解说词。在 80 多年前的中国，贫穷、战火、疾病横生，人民生存艰难，国家四面危机。在这样的背景下，新四军临危受命，成为抗击日寇的中坚力量。在战火纷飞的年代，敌人封锁，条件艰苦，缺医少药，只好用白酒代替酒精、用竹筷代替镊子、用布条当作绷带，把破庙建成医院，把帐篷当成诊所，就这样，我们的白衣战士们从战火硝烟中抢救下 8.5 万余名伤员，有力支持了抗战。医务人员不仅救治部队官兵，也为当地百姓治病，还因陋就简建立了近百所医院或医疗（休养）所，开办了卫生学校和医学培训班，培训了万余名医技人员。纪录片深入挖掘“红医”故事，大力弘扬“红医”文化，引导当代医务工作者传承红色基因，是一部难得的教材。

纪录片《红色医生——新四军卫生工作的故事》解说词

撰稿：刘悦

暗房里，一双手正在冲洗一张照片，画面上呈现出叶挺的背影。在显影药水作用下，照片逐渐清晰起来——那是新四军医务人员的一张合照。

这些朴实的笑脸，带我们回到了那个战火纷飞的年代。一台小小的徕卡相机，真实地反映了当年新四军的部队生活，也让后世了解到新四军军中一支举足轻重的队伍。那些心怀信念的白衣战士们，在硝烟中救死扶伤，医者仁心、传承理想的新四军红医精神激励着一代又一代人。

第一集《救死扶伤》

枪弹伤、烧伤、冲击波伤、感染、战争武器所导致的伤病直观地再现

注：为方便读者阅读，编辑对文字略加修改。

了战争的残酷性。这些在和平年代不会出现在人们眼前的“贯穿”“撕裂”“腐烂”的背后，曾经都是一个个鲜活的生命。

● 战伤医学专家 张延军

战伤对部队的战斗力影响很大，伤员下来以后呢，既有开放性的伤，也有闭合性的伤，往往还有多处的损伤，所以战伤相对于其他伤类来说，它的感染非常严重，因为火器伤不单单是弹药打进去，还加了周围的泥土、石块、玻璃，甚至是衣服周围环境的东西都会进入到伤口里面，所以，带来的感染程度大，导致的死亡率很高。

在现今社会中，这些便携式的诊疗设备，不同品类的止痛药、抗生素已经相当普遍，但当历史的车轮退回到八十多年前，在那个缺医少药的年代里，情况同现在已然是天差地别，新四军医护人员如何克服重重困难在生死线上挽救了八万五千多个生命，他们又以何种崇光照耀心中的信仰。

“光荣北伐武昌城下，血染着我们的姓名。孤军奋斗罗霄山上，继承了先烈的殊勋……”

“东进、东进，我们是铁的新四军……”

豪迈的军歌唱出了新四军向东部进军，深入敌后的决心。

“七七事变”之后，日军在华北迅速占领河北、山西、察哈尔、绥远以及南京杭州等地带，情势十分紧张。1938 年 1 月 16 日，日本发表不以国民政府为对手的对华声明，企图另择投降势力建立政权。面对如此危急的局面，中共中央和毛泽东指示新四军迅速沿大江南北两岸东进敌后，开辟建立抗日根据地，深入敌后的艰难险阻也给新四军的医护队伍带来了巨大的挑战。

● 江苏省新四军和华中抗日根据地研究会副秘书长 常浩如

在南方的三年游击战争当中，工农红军一直处在国民党军疯狂的围追堵截之下，过的都是那种野外的生活，很多新四军的指战员都是满身的伤病。

● 新四军副军长张云逸之孙 张晓龙

我爷爷经历过大小战斗、战役非常多，特别是在经历一些比较残酷的战斗以后，这个部队的伤亡对整个部队的战斗力的影响几乎是致命的。

1938 年 2 月，新四军军医处在南昌成立，同年 8 月，新四军军部移驻泾县云岭，由于部队经过长时间游击战斗又长途跋涉，随队到来不少伤病员，军医处认为必须建设好适应战时需要和医疗质量的医院，既可有效收治伤员也能同时教育培养医务干部，因此，在太平县小河口设后方医院由崔义田任院长，在泾县云岭旁的南堡村设前方医院由宫乃泉兼任院长。

● 新四军军部旧址纪念馆讲解员 胡敏

前方医院有 170 张床位，后方医院有 200 张床位，病室除了利用祠堂之外，战士们还自己动手搭建了一个竹架茅草亭的大病房，能做一些较为复杂的手术，后方医院设有小型的 X 光室和发电机，军医院均设有门诊室、手术室和化验室。

自开展化验工作后，不仅为临床提供了诊断依据，也为开展卫生防疫工作和培训医务人员发挥了作用。

● **新四军卫生部部长崔义田之女 崔亚莉**

因为这个是叶挺军长非常期望的一个医院，叶挺军长投入了非常多的精力，把自己的私人关系都用上了，到孙中山夫人宋庆龄处申请要了大小两台X光机，还加上发电机，到中国红十字会救护总队林可胜处，又要了非常多的药品和器械。

难能可贵的是，在后方医院的伤病员都有真正的卧具、床单、毯子和枕头，每张病床都挂着病人的床头卡，医院的饮食虽然比较单调，但在战争和粮食紧张的条件下已经极尽可能做到多样化和营养搭配了。

● **美国记者 史沫特莱**

“真了不起，这是在中国见过的最好的军医院，我要向全世界宣传，呼吁他们来支援你们。”

抗日战争时期的新四军已经开始重视战伤分类和火线救护，1940年黄桥战役时就将伤员按头伤、胸伤、腹伤、上下肢伤、大腿骨折伤等进行分类治疗，随后按伤情分轻、中、重伤，检出休克、出血等急需处置的伤员以便优先救治重伤员，突击治疗轻伤员。

● **战伤医学专家 张延军**

第一是止血，第二是包扎，第三就是要固定，骨折必须固定，否则一搬就移位了，第四就是搬运，主要是要对他进行现场急性的简单处理，更主要的就是把他抢下来。这种分级的后送，一般来说它是一个体系，责任很明确，它是属于哪一个系统的，是颅脑的还是四肢的，是属于骨科的还是属于脏器的，要把它分清楚。然后，它能够很明确地指定这个伤员往哪儿送。

● **新四军卫生部直属医院医务员 朱新星 91 岁**

每打一个战役，陈毅司令员就把李振湘叫去，结束一个战役伤亡多少，你们要准备多少担架，准备多少收容任务，都是有指令的。下来以后，李部长就召开一个卫生部直属单位会议，在什么地方展开救治都是定好位的，战场上下来的伤员就收来救治。

在创伤处理上普及先进的扩创术，强调早期扩创，力争在伤后 24~36 个小时内实施手术，在较大战役中，在距火线 5 公里左右的地方组织手术队进行紧急救治和扩创手术。由于医疗机构前伸，减少了伤员长途转运，使其及时得到救治提高了治愈率，从这时起建立了战伤救治体系，使战伤工作向前进了一步。

● **江苏省新四军和华中抗日根据地研究会副会长 王伟**

新四军火线救治的水平比较高，它解决了一个很重要的问题，就是在战场上短时间内给伤员做了手术，进行了包扎，减少了后运，这样就减少了长途后送的时间、颠簸可能造成的风险。风险大大降低了，生存率就大大提高了。

战时需要手术的重伤员增多，手术室的好坏就成了手术是否能够成功的重要一环。当时新四军的手术室大多建于宽敞些的民舍中，房间经清扫、消毒后在房顶挂起布帐篷，地面再铺设苇席，一个简易手术室就算完成了。

● **新四军四师后方医院医务员 丁位西 96 岁**

或者是在地主家里或者是在比较富裕的家庭里面，找一个房间，把它消毒好以后，就变成一个无菌房间。

● **新四军苏中二分区医疗三队医务员 沙正平 92 岁**

那个麻醉剂，现在想一下很简单，就是叫哥罗芳。这个基本上都是要全麻的，就是用瓶子哥罗芳（麻醉剂）让你闻着，拿个罩子套在嘴上，滴几滴就让你昏过去了，基本上就可以手术了。手术要求很严格，所以，伤病员的治愈率还是很高的。

● **新四军卫生部直属医院医务员 朱新星 91 岁**

有一个下面医院转来的病人，锁骨下动脉有个外伤性的血管瘤，这个血管瘤靠心脏很近，不是一般人能搞的。派手术护士，还要派两个医生上去，李部长主刀，不到 1 小时，突然血管瘤破了，那个血啊就飙上去了，手术台上、脸上全是血，李部长看到这个情况，眼疾手快，一下就用左手把血管瘤破损处掐住止血，他的手始终不能动，就压着那血管，他的右手和左手互相帮助进行分离，大概搞了一两个小时以后，慢慢把那血管瘤分离，之后把它结扎、修补好了。

手术器械、单巾和敷料都是非常紧缺的，一次手术下来，手术器械需要马上清洗消毒，以备第二个手术使用。

● **新四军苏北指挥部二纵队九团二营四连卫生员 朱达应 94 岁**

就是烧、酒精泡，把消毒器械放在酒精里泡，有的放到锅里煮，煮开了就消毒了。

当时形势紧急、任务重，没有后方，南是长江，并有泰兴、靖江等日军大据点，我军医务处医院驻在离前线黄桥西南 5 公里的地区，伤员到后首先进行战伤分类、组织收容，把重伤员立即抬去手术，分两台同时进行，术后送到重伤病房，轻伤员则送轻伤病房重新包扎。

“皖南事变”之后，日本帝国主义为对付敌后抗日军民，进行疯狂的“扫荡”“清乡”和“蚕食”。

● 茅山新四军纪念馆副馆长 周再兴

处在日伪的心脏地带，这样也要坚持斗争，十分的困难，我们当年都是游击性的斗争，不断地分散、不断地转移，所以，我们当年要做卫生工作也是很难的，要跟随部队不断地迁移。

由于敌人封锁，敌后根据地药品相当缺乏，没有酒精就用白酒代替，用竹筷代替镊子，把被单撕成布条当绷带，用白粗布、棉花代替纱布。

● 新四军苏中三分区靖江独立团后方休养所医务员 展学义 92 岁

缺医少药，真的叫缺医少药，我们有几个药包，就那么几个药包，没有凡士林就用猪油熬，熬了以后就贴伤口、敷伤口。

● 新四军江抗后方医院医务主任张贤之子 张克宁

因陋就简，只能因陋就简，像钙片到哪买？打伤了要补充营养、吃钙片，那就用鸡蛋壳，把鸡蛋壳放锅里炒，炒熟以后把它捣碎了，捣碎了以后当钙片吃。拿生理盐水当消毒水。

● **淮南新医培训班学员 齐淮生 94 岁**

自己做的药品，一个是消法灭定（音译），第二个是大黄苏打片，第三个是重碳酸钠就是苏打片，第四个是阿司匹林，还有做矽炭银治拉肚子的，白陶土也是治拉肚子的，就做这些东西。

● **新四军第六师十六旅卫生部助理军医 朱丹 87 岁**

外用药就是红汞、碘酒，内服药、止痛的药就是“鸦片酊”，就是鸦片用水溶解了以后，要过滤，过滤也没有滤纸，就用草纸，把那个草纸放到漏斗上面，过滤下来，一个人疼得不厉害的、轻伤员发 5 毫升，重伤员疼得厉害的一次发 10 毫升。还有换药经常用的那个药水，药水也是自己配的，怎么个配法呢？用这个硼酸和漂白粉，我还记得当时那个剂量是 12.5 克硼酸加 12.5 克漂白粉，放在水里面盖起来，因为它产生了氯气，盖起来就避免这个氯气全部挥发，第二天就可以用了。

敌后战斗常常十分激烈，不仅伤亡多，还需要警惕敌人随时“到访”，这时候医护人员除了需要具有熟练过硬的救护技术外还必须具有机动灵活的应急方法。急救包等救护器材不足时，要把床单、被单甚至衣裤撕开使用，有时夜战不能曝光就得会用手摸着伤口判断伤情进行包扎。

● **沙家浜革命历史纪念馆副馆长 张广平**

当时听到一个老战士说，他当时受伤之后，腿受伤，没有夹板、夹子，江南竹子多，房前屋后种的都是竹子，就把竹子给割下来之后煮沸腾，然后挂起晒干，用作夹板。

● 新四军四师后方医院医务员 丁位西 96 岁

那个时候在部队，没有什么条件，一天到晚行军，就自己带了一点医疗器械，带了一点换药的东西，处理伤员的很多东西要到驻地以后才能够有，烧开水啊，洗衣做饭啊，那个时候才能定下来。

● 新四军一师一旅一团卫生员 唐渠

为了随时对付敌人，重伤员、重病员，常常安置在田边、芦苇塘的窝棚里睡觉，有人轮换巡视、放哨，晴朗的夜晚，睡在田野里，天当被、地当床，仰望星空，看月亮、数星星。头上有飘动的浮云，耳边响起阵阵蛙声虫鸣，每当这时我与同伴们窃窃私语，遐想着抗战胜利的未来，直到天明。

新四军的卫生工作随着新四军的诞生而创立，随着新四军的不断壮大而发展提高。新四军刚组建时叶挺即提出，要抗战就要使官兵身强力壮，就要有人力物力的保证。重建军部后，刘少奇指出，卫生工作首先要健全卫生部领导，其次要有医生和药品，把医院组织好。

● 新四军军长陈毅之子 陈昊苏

在条件非常艰难的情况之下，我们的红衣战士，他们确实做到了，把患者、伤者当作自己的亲人，用尽一切的办法，尽最大的努力，使他们能够得到救治、得到康复。

● **江苏省新四军和华中抗日根据地研究会副秘书长 常浩如**

新四军的医疗卫生事业，从新四军组建初期的很少的一些人开始就是一个卫生筹备处，然后一步一步地发展壮大，到成立新四军的卫生部，让新四军的各个师都有医疗卫生机构。到了抗战胜利前夕，我们的新四军医疗卫生工作者这个队伍有一万多人，我们新四军的医务工作者一共抢救医治了新四军的八万多名指战员，所以，医疗卫生工作保证了新四军的战斗力不断地提高。

在抗日战争时期各级卫生人员为保障部队战斗力和抗战胜利作出的重大贡献将永载史册，万古长存。

日夜相继，岁月不居。他们曾经来过，以一种不为世人熟知的姿态，在黑暗中抗争。如天空中汇聚的那些云一样，信步在山峦、青峰之间，遇见风，却从不闪躲，继而化作雨，洒向世间，汇入溪流，最后回到自己的故乡！

第二集《医者仁心》

人性是一条光河，从永恒以前流到永恒。

1939 年春，白求恩大夫医疗队的加拿大护士琼・尤恩为了把国际友人捐赠的一批医疗物资送给新四军，从上海辗转到皖南，她在回忆录里这样写道：这里拥有真正的大夫和护士，他们是从北平、上海等大城市的医院来的，琼・尤恩曾在家乡多伦多的一所医院工作，她口中的那些真正的大夫和护士也多来自大城市，是什么使一群素不相识的人放弃了城市生活相聚到一起，他们又为了什么冒着枪林弹雨的生命危险远赴他方。

1937年叶挺受周恩来委托，由上海赴武汉，为促进国民政府改编南方红军游击队做工作，行前，叶挺特邀一人同往，此人正是后来的新四军军医处处长沈其震。

沈其震早年获东京帝国大学医学博士学位后回国，以行医为名协助和掩护共产党地下工作，此次受叶挺之邀，更是以民族大义为重欣然应允，为了创建军队的军医系统必须有一批立志抗日、具有真知灼识的医务技术干部组成精干的办事机构，沈其震四处奔走、动员招募。

● 黄花塘新四军军部纪念馆馆长 卞龙

他（沈其震）通过他的老师，从他老师那儿也获取了很多的信息，包括学医学的人员的名单，他就有目的地动员他们来参加新四军，这个是最早的一批。

● 江苏省新四军和华中抗日根据地研究会副秘书长 常浩如

而且他还是一个医学博士，当时有一个医学的博士那简直是不得了，后来很多参加新四军的著名的医务工作者，像吴之理、崔义田、章央芬等，这种大城市过来的，都是西医方面的代表人物。

1939年5月，因前方医务工作任务重，又缺乏懂业务的领导干部，时任新四军第一支队司令员的陈毅提出让崔义田到前方工作的要求，崔义田当即表示：我服从组织决定，我是东北人，为了民族生存，不做亡国奴，我很愿意到前方去。到抗日前线后，崔义田亲身经历了战火硝烟的磨砺，于1940年4月加入中国共产党。

● **新四军卫生部部长崔义田之女 崔亚莉**

我父亲毕业以后，因为他是外科医生，就已经在一个医院里就职，有很丰厚的收入，但是他都不要，他要抗日，辗转了几次都是找的国民党的军医院，他希望能够看看国民党是不是能抗日，但是最后他非常失望，他就希望一定要到前线去，所以他到了长沙（八路军驻湘通讯处），就向徐特立表达了他的愿望，徐特立就再三跟他解释说新四军和八路军都是共产党领导的部队，不论你到哪都可以打鬼子，所以最后我父亲就接受了这个劝告，到了新四军。

● **新四军江抗后方医院医务主任张贤之子 张克宁**

李建模到了上海就找到上海时疫医院，就找到了我父亲和我母亲，首先动员我父亲，我父亲一听说是抗日的队伍，也就答应了，很爽快地答应了说我去。去的时候他说，不光要医生还要护士，正好把庞露也带去了，就把我母亲也一起动员了，那么我父亲就把家里面已经准备的一些原来就准备要办个诊所的钱，另外呢，还有他们结婚的时候人家给的一些彩礼什么的，还有些首饰全部变卖了，全部买成了三蒲包、医疗器械和药品、药材，在 1939 年的 2 月初，从上海就出发了。

● **江苏省淮安市新四军历史研究会副会长 过向宏**

他们能够舍弃那么好的条件，投奔到抗战第一线来，他们是冒着生命危险，是要吃苦的，甚至是要流血牺牲的。

● **江南抗日义勇军政治部主任刘飞之女 刘凯军**

他们的初心，其实也就是全国一片抗日救亡的热潮，在这个氛围当中激起了他们抗日爱国的决心。他们就是要救国，不当亡国奴，所以他们的初心，实际上也很单纯。

一个个怀揣着医学梦想，抱着民族救亡信念的医务工作者，义无反顾地投身新四军部队，他们有人放弃了城市的衣食无忧，有人放弃了国民党承诺的高官厚禄，走进农村深入敌后为新四军卫生工作的创建和发展作出了重大的贡献。

1941 年初，沈其震来到上海，在犹太人希伯家里遇见了一位奥地利人名叫罗生特。罗生特早年惨遭纳粹迫害，后被驱逐出境，于是千里迢迢来到中国。巧的是，他和沈其震一样，也是一名医生，罗生特提出要参加新四军，但沈其震对此持怀疑态度，他不相信这位生活在大城市的大夫会到农村的土坯房里替人治病，更何况那些人和他根本没有血脉同宗的关联。于是，两人展开了一场辩论："那里的情况对于一个外国人的确不合适，乡下生活非常原始简陋……""对我而言重要的是正义，我什么都受得住……""在乡下有许多传染病，很危险……""正因为如此我才要去，不然我学医是为了什么……"话已至此，沈其震发现这位欧洲朋友是认真的。

1941 年 3 月，罗生特假扮德国传教士，携带部分医药器械随沈其震到达盐城军部，开启了他的异国军旅生涯，他跟随部队辗转各地，行医救人、施教育人，直至新中国成立。陈毅 1942 年在给他的信中写道："罗生特同志，你以反法西斯盟友的资格，远渡重洋，来中国参加抗战，同时，更深入敌后参加新四军工作，新四军的艰苦斗争为你所亲见，所身受。新四军的一切，你永远是一个证明人。"

● **新四军卫生部部长崔义田之女 崔亚莉**

因为他（罗生特）外国人长相，军首长都管他叫“罗大鼻子”，他鼻子很大所以叫他“罗大鼻子”，他的医疗水平真是给大家留下了非常深刻的印象。

● **江苏省新四军和华中抗日根据地研究会副会长 王伟**

八路军的罗荣桓，肾脏有病，陈老总还专门请罗生特去给罗荣桓看病，而且陈老总下部队的时候经常带着罗生特去，反正急难病症都请罗生特过目。

● **黄花塘新四军军部纪念馆馆长 卞龙**

他把他自己所有的医疗器材都捐献给了新四军，他通过新四军将士了解中国共产党，后来呢，也提出来要加入中国共产党。因为他是外国的国籍，所以说他成为一名中国共产党的特别党员。

● **新四军卫生部部长崔义田之女 崔亚莉**

罗生特在新四军，他的最大的贡献就是他表明我们的抗战，我们的正义战争是无国界的，而且还有一点就是他看到了新四军卫生工作的真正实力。

加入新四军之后，罗生特跟着医疗队开展工作，他们不仅为部队治病，也为当地的百姓免费看病，新四军各医疗单位给人民群众医伤治病，这个传统一直延续下来，并随着斗争形势好转而逐步有所发展，不仅有门诊，还收容住院治疗。

● **盱眙县黄花塘镇村民 李玉学 84 岁**

我在五岁的时候，肩膀生了病，已经化脓了，卫生部在姚庄，我的父亲把我扛在肩膀上，扛到姚庄去，那个剪子把膀子这边剪一刀、那边剪一刀，剪了两剪子，把里面的东西拿掉了以后又放了什么东西我也没问，结果我就好了。到现在疤痕还留在这边。

● **淮南新医培训班学员 齐淮生 94 岁**

我们粮管所有一个叫叶青的，结婚以后，两口子生了个小孩子。孩子生了个什么病呢，生的叫“七早风”，农村叫“七早风”，实名叫“破伤风”，我就告诉他用的什么药：第一个用破伤风抗毒素肌肉注射；第二个用镇静剂，因为小孩不能抽搐，一抽搐就纰漏了；第三个要控制他抽搐，抽搐了怎么办呢，到后来我就用中药，祛风的中药，叫作防风通（是由防风、天南星等中药组成的），弄个小勺子每天喂一点，喂四天他就好了。

● **新四军副军长张云逸之孙 张晓龙**

新四军在黄花塘地区，军民鱼水关系非常好，房东老乡的孩子病了，我爷爷回来一看这个孩子病了，马上就叫我爸爸去找崔部长快给孩子看病，然后我爸爸就找崔义田去了。崔义田马上就过来给孩子看病，最后把这个孩子救活了。

● **新四军第一师一旅一团团长乔信明之女 乔阿光**

我妈妈快要生我的时候，已经感觉到肚子疼了，正好这时候崔义田和薛和阿姨来查房，一看这情况就赶紧来接生，所以我很幸运，被崔义田和薛和阿姨接生出来了。

新四军是人民的子弟兵，他们来自乡村，生活在乡村，他们患难与共、共同抗战，在朝夕相处的过程中，广大农民群众和新四军结成了鱼水之情，也留下了一个个感人肺腑的故事。

京剧《沙家浜》选段

刁德一：新四军久在沙家浜，这棵大树有阴凉，你与他们常来往，想必是安排照应更周详。

阿庆嫂：垒起七星灶，铜壶煮三江，摆开八仙桌，招待十六方，来的都是客……

京剧《沙家浜》塑造了阿庆嫂这个经典的抗日英雄形象，1939 年 5 月，常熟已成为沦陷区，日军四处烧杀抢掠，常熟人民正处于水深火热之中，新四军六团此时以江南抗日义勇军的名义在阳澄湖水网地区开展游击战争。

● **沙家浜革命历史纪念馆副馆长 张广平**

白天通过我们民运干部，把医务人员编入当地的老百姓家里，白天去劳作，下地去干活，只有到了晚上再撑着船到伤病员隐藏的地方去给他们换药。

● **新四军江抗后方医院卫生员 姚振华 95 岁**

伤员们藏在百姓家里面，百姓把家里的大门拆下来，给医务人员睡，天冷的时候，下面再铺些稻草，我们睡的也是稻草，没有棉毯的。

● **新四军江抗后方医院医务主任张贤之子 张克宁**

我母亲当时发现敌情以后，来不及跑，那老乡、大娘就塞给我母亲一个鞋底，叫我母亲装作纳鞋底。

● **江南抗日义勇军政治部主任刘飞之女 刘凯军**

重伤员一个都不能丢，这是他们医务人员、白衣战士自己心里的一个坚定的信念。当时照顾我父亲的是白山阿姨和包蕴阿姨，两个小姑娘，两个女孩子，我父亲是一个很壮的码头工人，然后她们两个——白山阿姨和包蕴阿姨把爸爸一下抬到船上以后，就像箭一样往芦苇荡里冲出去了，鬼子一看跑了，朝天放了两枪就没有追。

在敌后抗战的日子里，新四军医护人员和当地百姓不仅倾尽所有心力帮助伤员养病疗伤，同时对于救命的药材器械通过各种渠道多方筹措获取。皖南军部时期的新四军，药材是由标准箱，每月从小河口用竹排运，到章家渡由总兵站派挑夫越过封锁线前送，各团都能按时收到，新四军处于敌后方，各师离得远，不能统一供应，各部队根据所处环境条件因地制宜、自力更生，中西结合自办药厂或各师自己派人或依靠当地药商到敌占区买药材，或通过地下党关系购得。

● **新四军四师后方医院医务员 丁位西 96 岁**

我们要药品很困难，要请上海地下党买，有的请商人送过来，我们付款。敌人封锁得很厉害的，你买不到药的。

● **为新四军送药的村民颜廷坤孙女 颜洁**

新四军当年缺医少药的情况非常严峻，爷爷知道这个情况以后心里非常着急，我们当地山上毛竹多，那个竹子比较粗大，爷爷就把那个毛竹的上端凿个孔，然后把这个青霉素藏在毛竹孔里面，就这样一次一次地躲过日本鬼子的盘查，把药品送到了新四军的手中。

● **黄花塘新四军军部纪念馆馆长 卞龙**

不管怎么说，药品是不够的，西药药品是不够的，我们办药厂，这个也是很不简单的一件事情，在当初的情况下，从上海来了一些工人，还来了一些教授，在他们的指导下，我们各个根据地、各个师的许多学校都可以生产出一些药品，也解决了战争的需要，同时，我们中药老传统，特别是对战士的一些内科的或者是慢性的疾病用中药。

在抗日战争中，这支由南方八省红军游击队而组建的抗日武装力量，驰骋大江南北，纵横华中敌后，留下了以铁军精神为特色的宝贵精神财富，新四军的卫生工作是由无数忠于民族解放事业舍生忘死流血牺牲的人民群众和医务人员共同创造的。

● **江南抗日义勇军政治部主任刘飞之女 刘凯军**

他们不但医治伤病员的伤，他们也做伤病员的心理疏导，那个时候也叫做思想政治工作，鼓励伤病员早日康复到前线，到抗日前线。

● **盐城新四军纪念馆馆长 仇金标**

在与日伪顽进行殊死搏斗的同时，新四军始终坚持为人民服务的宗旨，同根据地人民鱼水相依，带领和帮助群众同自然界的敌人——疾病进行斗争，充分彰显了人民军队为人民的本质。

● **黄花塘新四军军部纪念馆馆长 卞龙**

这些人，这种精神，我们称它为红医精神。他们对根据地的人民充满了感情，赢得了人心，我想今天的医疗工作者从中也可以获得很多的启示。

新中国成立后，罗生特怀着对祖国的向往，带着战斗的风尘，带着中国共产党和中国人民的深厚友谊，踏上了归国的旅程。这时，距离他参加中国革命已经过去了九个年头，这位反法西斯战士以崇高的国际主义和人道主义精神为中国革命事业作出了巨大的贡献。他的高尚人格将同山河共存，与日月同辉。

1988 年，琼·尤恩的女儿按照母亲的遗嘱将她的骨灰护送到中国，安葬在河北唐县晋察冀烈士陵园白求恩墓的右侧。

无论我们怎样看待过去，我们都将追随历史的车轮留下的印记。在遥远的旷野里，有人唱着生命的高度，声音穿透了岁月的乌云，那是一首光明之歌。

第三集《理想摇篮》

每粒种子都是一个愿望。

今天，在医学院的课堂上，用人体骨骼授课已经是一件稀松平常的事。但在八十多年前的中国，贫穷、战火、疾病肆意横行，人民生存尚且艰难，医学教育成为一件极为奢侈的事。受封建文化根深蒂固的影响，中国人对于身体发肤的传统思想使得现代医学难以发展。在这样的形势下，新四军是如何排除万难坚持不懈地开展医学教育工作，又是如何给群众普及现代医学常识，把医学理想传遍华夏大地的?

新四军自组建时起，就和华中人民开始了共同的抗日斗争生活，当时的农村卫生条件差，农民防病意识薄弱，传染病流行，缺医少药的状况使得大家不得不重视预防和宣传。

● 黄花塘新四军军部纪念馆馆长 卞龙

当时的老百姓受到生产力水平、经济文化水平的影响，他不了解自己生了什么病，特别是传染病，出现过很严重的疫情传播的情况。

● 新四军华野一师一团卫生队见习医生 傅宗哲 91 岁

传染病最多的就是疥疮，怎么治疗，急救室用那个硫黄膏，弄个什么刮子，弄个木头的什么东西刮。

● 盐城新四军纪念馆馆长 仇金标

黑热病是一种曾经流行于长江以北地区的传染病，淮海、盐阜两个地区是重流行区，村村有病人。

● 新四军四师后方医院医务员 丁位西 96 岁

泗南县有一个小村庄，发生了脑膜炎流行病。我们打仗、生活都要靠群众，所以我们想尽一切办法来抢救病人。

新四军以实际行动带领群众学习防病知识，动员群众自觉与迷信不卫生习惯作斗争。当地方传染病流行时，新四军大力组织抢救。驻地传染病多发，疫苗接种的工作不容疏忽，可是由于农村地理环境闭塞加之迷信思想盛行，百姓对预防接种疫苗有着很深的抵触，卫生部门就组织宣传演讲，部队战士带头接种。群众也开始逐渐接受新的观念，积极加入到接种队伍中来。在军民共同的努力下，以往普遍的传染病得到很大改观。

● 黄花塘新四军军部纪念馆馆长 卞龙

排查发现问题以后要进行隔离，就是房间要消毒，部队帮助消毒，有的是熏蒸，有的是用石灰消毒，各种办法，尽管是很传统的，但是是很科学的、管用的，解决了很多问题，特别是控制了疫情的蔓延。

● 盐城新四军纪念馆馆长 仇金标

三师医务人员冒着被传染的危险，在师部附近的小杨庄开办黑热病休养所，增加了 40 多张病床免费提供治疗，治愈上千名黑热病人，有效遏制了黑热病的流传。

新四军从军医处成立之初就以预防第一为工作方针，重视卫生保健、发展医学教育，部队不定期组织上卫生课，写墙报或者印发卫生手册、宣传疾病预防办法，行军前强调穿好鞋袜防止脚上打泡，到达营地就督促烧热水洗脚，淋雨后组织大家喝姜汤，夏天注意防蚊，冬天加强查铺，勤理发、勤洗澡、不共用毛巾。根据地有大量竹林，于是充分利用竹资源，推广自制竹筒代替行军水壶，烧开水装筒，避免喝生水染病。

● 江苏省新四军和华中抗日根据地研究会副会长 王伟

广大敌后更多的都是山区，都是农村，相对来说卫生条件比较差，所以新四军每到一地都强调要打扫卫生而且通过在墙上刷标语，给当地人民群众宣传也要注意卫生，所以新四军养成良好的习惯，带动当地老百姓也养成良好的习惯，尽可能地减少生病率或者发病率。这个我觉得对新四军保证健康的体魄、充沛的精力来夺取战斗胜利，是至关重要的。

一方面，新四军先进的防病保健理念使得部队整体健康素质得以提高；另一方面，建设一支训练有素的医务技术干部队伍成为部队的一项战略任务。

● 新四军一师后方医院医务员 王冲 98 岁

我属于小学接近上初中，要考初中了，问我愿不愿意做医生，给人家看病，把我们送到抗大（中国人民抗日军事政治大学）去。去抗大，有一般的军政训练，从中选择一些年轻的，稍微有点文化的，到卫校去。

● 新四军苏北指挥部二纵队九团二营四连卫生员 朱达应 94 岁

我父亲牺牲了以后，我给团长当警卫员，团长看我太小了，有一定文化就把我送到苏中，苏中有个医校。

● 新四军四师后方医院医务员 丁位西 96 岁

我在淮北中学入党以后，就转到了新四军卫校学习。

1938 年 4 月，新四军集结整编，即开办了军部医务干部训练班，后各指挥部及支队军医处亦相继开办医训班，充实卫生骨干力量，在战火纷飞的年代中办学是困难的，但师生们发扬延安精神，走抗大道路，一切为了战争胜利，一切适应于战争要求。

● 淮南新医培训班学员 齐淮生 94 岁

五点半起床以后，站队点名，点过名以后唱个歌，然后都到外面，水圩子都有那个沟涵子，那个冰冻碴子，用它洗脸刷牙，没有热水。一个班里面有一个班长还有一个学习组长。学习组长专门在晚上部队吃过晚饭以后，大概在外面操场上转跑半个小时左右，后面到八点钟就要进去学习，到九点半开始休息。

● 新四军苏中二分区医疗三队医务员 沙正平 92 岁

教材是自己编的，很简易，有时候用黑板写，有时候就用黄泥巴在黑板上做记录。

● 新四军华野一师一团卫生队见习医生 傅宗哲 91 岁

什么卫校，按照现在根本不能称为学校，不像现在有课桌，有老师讲课，当时就坐在地上。

● 新四军四师后方医院医务员 丁位西 96 岁

背包做凳子，两条腿做桌子，经常遇到敌人“扫荡”。

● 新四军一师后方医院医务员 王冲 98 岁

我们这个卫校，都是跟着军政机关，一个警卫连一个警卫排，靠近它们，有固定的地点，但是固定的时间不长，一般3个月，最多半年。

● 新四军豫鄂挺进纵队第一期医训班卫生员 王瑞华

这年农历九月初六，医训班正在上课，院部有人来报告说日本人来“扫荡”了。上弦月的晚上，天空没有星光，更显得昏暗。我们经过几个小时的夜行军到达猴子洼，走上大山，但见山高林密、茅草茂盛，地下积满了厚厚的松针落叶，脚踩下去软绵绵的，一人多高的茅草丛正好能把我们遮隐起来，医训班30多人就这样悄悄地在松林里隐蔽宿营了。

当时，几乎所有的医疗培训班都缺乏专职的师资力量，因此，能者为师的教学方法就普及开来，哪个部队办的培训，哪个部队的卫生部门领导就兼任教学，甚至一人要教授几门课程，宫乃泉、王聿先、崔义田、吴之理、齐仲桓、章央芬、李振湘等均是当时的兼职教员。

● 新四军一师后方医院医务员 王冲 98 岁

教员都是从上海、南京去的，作为护士，作为医生。

● 新四军四师后方医院医务员 丁位西 96 岁

我们的校长是齐仲桓，他是用英语教学，所以我们记笔记要记得很细很细的。

● **新四军卫生部直属医院医务员 朱新星 91 岁**

课程主要是上简单的，什么解剖啦、生理啦，一般的常识说一说，重点地讲救护，很多救护如医疗上的固定、包扎、伤员运送，这些东西是很重要的。另外，讲药学，讲简单的一些治疗方法。

● **淮南新医培训班学员 齐淮生 94 岁**

夏俊主任代课，上的什么课呢？第一个是生理解剖，第二个是战地救护，第三个是外伤包扎，第四个是外科手术。潘教员上内科课，上课上着上着就吐血了，吐过血以后又来上课，我们学生觉得可怜，就说：你休息吧，你休息吧！他不愿意，他说我一定要把你们培养成功，要把书教到底……就这样学习。

新四军的教员们既担负着行政领导和医疗工作，又要用大量时间备课、钻研教学方法，亲自示教、带领实习；为传播科学的医学知识，他们还得冒着“违逆祖训”的罪责，自制骷髅标本、解剖尸体讲学。

● **白求恩大夫医疗队护士 琼·尤恩**

由于不少病人死因不明，我们要求批准进行尸体解剖，叶军长很同情我们的困难，但他担心这些激进的行动会引起严重的后果，因为大多数战士都是来自农村，他们认为肢体不全的人是不能同祖先一起生活的。

随着部队的发展壮大，根据陈毅的指示，一边继续从上海等大城市动员医学专家、教授以及医护人员、化验师和药师来新四军服务，同时自力更生、创造条件开办医学院校。先后开办了华中卫生学校、华中医学院、新四军军医学校，各师、旅、军分区也相继开办了医学教育机构，因地制宜、长期坚持不懈。1940 年 7 月，新四军江北指挥部卫生训练班，在盱眙古城举行毕业典礼，刘少奇到会讲话，高度赞扬了为新四军后方工作作出巨大贡献的白衣战士们。1941 年 7 月，新四军军部在盐城创办新四军华中卫生学校，崔义田任校长，左英任教务主任。陈毅出席开学典礼发表讲话并为学校题词，医学是自然科学与社会科学中间的桥梁，对人的治疗，药物方面是属于自然科学，而精神安慰和救护方面必须借助于革命的社会科学，新四军的医务工作同志与一般医生的不同之点在于此。

● 江苏医药职业学院宣传部部长 胡勇

7 月 20 日，华中卫生学校在盐城西北高作镇举行开学典礼。学制一年，第一期招收学员 163 名。开学第二天，华中卫生学校学员就投入反“扫荡”战斗，在这次反“扫荡”中，学校经受了一次严峻的考验，学员们一边学习文化知识，一边进行军事训练，为了躲避日伪军炮火的袭击，华中卫生学校学员先后渡过了射阳河辗转在阜宁县的各个村庄。

● 新四军司令部门诊所医生 沈华新

当时教学条件极差，还总想方设法尽量做些实验和实物施教，例如，用蟾蜍做生理学施教，用家畜内脏做解剖施教，我们还曾去战伤医院护理伤病员，换药、打针，通过理论学习和实践在医学上有了一定基础，基本上也都能胜任毕业后分配的工作。

1942 年，在淮南盱眙县大刘郢新四军军部创办了华中医学院，院址选定此处也是利用了二师卫生部驻地较为稳定的环境和教学物质基础，二师进驻大刘郢后曾修建了不少住房，除机关宿舍外，还有病区、化验室、手术室、卫生学校用房及简易礼堂。华中医学院的创建虽为时甚短，但它是我党我军在抗战时期除陕北延安医大外，在我华中抗日根据地创办最早的一所医学院校，它标志着新四军医学教育从初级的普及阶段逐步迈向中高级阶段，这是我军从当时实际出发自力更生培养医务干部历史进程中的一个重要发展阶段。

继华中医学院之后，1944 年华中军医学校开始筹备，1945 年 5 月 12 日在淮南盱眙县黄花塘常庄开学，同年 11 月迁入清江市（今江苏省淮安市清江浦区）南门招收学员，学制两年。1947 年改名为华东白求恩医学院，后与山东省立医学院合并成立了山东医学院。

正是由于对医疗教育工作长期不懈的坚持，到抗日战争胜利时，新四军共培训各类医务技术人员 1 万余名，他们中很多人在解放战争以及社会主义建设中成为卫生战线上的领导者和技术骨干。

新四军军部在 1943 年来到黄花塘之后，开办了很多卫生培训班。今天，黄花塘新四军军部纪念馆旁已经建成一座集红色教育和卫生培训于一身的基地，依托这座基地，江苏省卫生健康委深入挖掘历史文化资源，推动了全省卫生健康系统的政治思想建设，弘扬和培育良好的医德医风，让新四军红医精神不断传承下去。自 2016 年 10 月以来，已经有 45 个批次、5000 多名医务工作者在这里参加了教育培训。

● **江苏省淮安市新四军历史研究会副会长 过向宏**

黄花塘军部这一块，因为当年的卫生工作体制非常的完善，故事也非常的精彩，把这块建成一个红色教育培训基地，它有基础、有故事、有资源。

湖北省武汉市等多个地区发生新型冠状病毒感染的肺炎疫情期间，各地派出了医疗队。

2020年，中国与中国人民顽强经受住了疫情的考验，这些新四军红医精神的传承者们在每一个需要他们的地方挺身而出，在每一个需要他们的时刻义无反顾，全体医护人员如同他们的先辈们一样冒着生命危险挽救群众的生命。医学知识的普及也让现在的民众学会科学防疫，外出注意防护，积极接种疫苗。

● **盱眙县人民医院神经内科副主任 援鄂抗疫人员 朱发勇**

作为一名医生，我又是一名党员，我觉得在这种危难的时候，前线需要我们的时候，我们就应该义无反顾地冲到前线去。

● **盱眙县人民医院急诊科主管护师 援鄂抗疫人员 余金凤**

我牢记新四军的红医精神，把救死扶伤、无私奉献、大爱无疆的精神继续传递下去。

● **江苏护理职业学院宣传部部长 朱郁草**

我们学校在人才培养当中也要传承这种老一辈医疗工作者的革命奉献精神，创造条件、积极努力、顽强拼搏来排除万难救治伤员，解除群众的病痛。

● **江苏省淮安市新四军历史研究会副会长 过向宏**

新四军的医疗卫生工作，具有里程碑的意义。它在医疗机构的建设、健康教育、疾病防控、战场救护、为老百姓防病治病等方面，体系是非常完善的，成绩也是非常卓著的，为抗战的胜利奠定了坚实的基础，同时，也为我们新中国医疗卫生工作培养了一大批的医疗骨干。

八十多年过去了，在这片中华大地上已经发生了翻天覆地的变化。现代医学也随着祖国的强大而蓬勃发展，峥嵘岁月里埋下的医学种子已在新中国的大地上生根发芽。

1944 年 7 月，十七岁的齐淮生心怀崇敬地加入淮南新医进修班。

当这些读也读不懂的药名映入眼帘时，齐淮生也不曾想到从那一刻起，医学的种子已悄然埋进他的生命中，陪伴着他直到今天。

冰雪消融，春回大地。生命纵然会逝去，而生命力从来不会。根植于心底的理想，如百花从大自然的身体中绽放，每一年，如期而至!

附录

黄花塘新四军军部纪念馆

简　介

黄花塘新四军军部纪念馆位于江苏省淮安市盱眙县县城东南约 30 公里的黄花塘镇黄花塘村境内，距离南京、淮安约 100 公里。纪念馆占地近十万平方米，其间有主体纪念馆 5000 多平方米，集中收藏了大量的革命文物。宁淮高速、宁宿徐高速分别从黄花塘新四军军部纪念馆的东西两侧经过，均有到纪念馆的出口，建有军部绿色通道，交通十分便捷。

中共中央华中局暨新四军军部于 1943 年 1 月 10 日移驻黄花塘镇境内直到抗战的全面胜利，历时两年又八个月，是新四军军部驻扎时间最长的地方。为了缅怀陈毅、张云逸、曾山、赖传珠、彭康、罗炳辉等老一辈无产阶级革命家为中国革命建立的丰功伟绩，弘扬新四军的历史文化，对后人进行革命传统教育、爱国主义教育，江苏省人民政府于 1982 年 3 月将黄花塘新四军军部旧址公布为“省级重点文物保护单位”，新四军第四师师长原国防部部长张爱萍将军亲笔题写馆名。

步入黄花塘新四军军部纪念馆广场，酷似“枪刺”造型的“纪念碑”映入眼帘。在银灰色调的纪念碑下连接纪念馆大厅的影壁墙上镶嵌着由原国防部部长张爱萍将军题写的“黄花塘新四军军部纪念馆”十一个金光闪闪的大字，馆牌旁为巨幅蓝字的“N4A”新四军标志牌。除外，还有军部礼堂旧址和陈毅、饶漱石、曾山旧居军部卫生部等建筑。主体纪念馆为现代建筑，其余为当年民居式样的院落和茅草房。整个建筑群融入一片秀美的园林中。

纪念馆大厅巨幅红色“屏风”上题刻着“铁的新四军”五个大字。屏风后安放着两组紫铜雕塑，一组是陈毅、饶漱石、张云逸、赖传珠、曾山在黄花塘的草房运筹帷幄、决胜千里，指挥战役的情景雕塑；另一组是表现新四军战士们在硝烟弥漫的战场上抗击敌寇、浴血奋战的造型雕塑，展示新四军领导集体与战斗群体在黄花塘时期的一个缩影，表现新四军在中国革命和中华民族的解放战争中不屈不挠、英勇奋战的光辉形象。看到新四军军歌词谱，耳边响起铿锵有力、气壮山河的音乐旋律。

纪念馆展厅共分四个展馆，通过大量的历史文献、珍贵的革命文物和许多鲜为人知的新四军时期的各类图片、资料再现了新四军军部在黄花塘时期，运筹帷幄、决胜华中的丰功伟绩。其中：第一展馆主要介绍新四军诞生的背景、前期的发展以及重建军部的过程。第二展馆展出的是军部为什么迁到黄花塘，主要介绍当时的历史背景、战争形式和战略转移的经过。第三展馆展出的是新四军在进行激烈的反扫荡、反清乡、反蚕食、反摩擦斗争中，一面武装保卫抗日民主根据地，另一面加强根据地的民主政权建设以及政治、经济、文化等各方面的工作。第四展馆展出的是新四军军部进驻黄花塘期间，开展了整风、大生产、整训三大运动，并从各方面加强根据地建设，在军事上，各部取得了反扫荡、反清乡和对日伪局部反攻的胜利，这些都为大反攻、彻底打败日寇奠定了基础。展馆内容全面展现了红色“铁军”的历史，是一部活生生的人民军队史，也是一部英勇悲壮的抗日史和民族解放史。

纪念馆开馆以来，已接待游客数百万人次，接待政府、企事业单位和社会团队数千场次，先后获得“江苏省党员教育实境课堂示范点”“江苏省爱国主义教育基地”“全国重点文物保护单位”“全国百家红色旅游经典景区”“国家 AAAA 级景区”“淮安市恩来干部学院党性教育基地”等称号。

黄花塘新四军文化园
（江苏省卫生健康系统党性教育基地）
简 介

黄花塘新四军文化园（卫生健康系统党性教育基地）位于黄花塘新四军军部纪念馆南侧，是与“黄花塘新四军军部纪念馆”相得益彰的红色旅游文化建设项目，是依托黄花塘新四军军部纪念馆建设的集党性教育、干部培训、卫技训练、红色研学游于一体的高标准文旅项目。占地面积220亩，总投资1.6亿元。已建成停车场、接待中心、教学楼、军部礼堂、宿舍区、军部食堂等项目。宿舍区共建有9栋楼117间客房，可以同时容纳200多名学员进行党性教育和专业技能培训。

新四军文化园门头的灰底蓝字是参照新四军军服设计的，入园后是一条宽阔的大路，路中间种植4棵象征健康长寿的罗汉松，寓意铁军精神薪火相传，生生不息。路直通一 面水塘，即著名的“黄花塘”，水塘经过疏浚开挖，形成“房舍围绕，散居四周；曲桥通径，亭廊回转”的整体格局，水塘中碧水清波、绿荷红莲，以喻“濯净”“清廉”。水塘四周9栋楼房117间房舍错落有致沿着黄花塘分布。每栋楼以新四军军部曾经驻地命名，赋予其独特的历史厚重感。每间客房又是按照新明式风格装修，让在此培训的学员能够享受到现代生活方便舒适便捷。

按照淮安市委、市政府关于要按照抗战时期“北有延安，南有淮安”的历史背景，打造全国党性教育示范基地的要求，由盱眙县委组织部牵头，盱眙县委党校、黄花塘新四军军部旧址纪念馆、新四军文化园“三区融合”，深挖新四军的文化价值和时代价值，打造一批各具特色的实景教学课堂，为全市、全省乃至全国党员干部提供内容丰富的理想信念教育、宗旨意识教育、道德品行教育。

在新四军文化园中辟有“卫生健康系统党性教育基地”，扎根盱眙、立足江苏、拓展华中、面向全国的卫生健康系统，承揽医疗卫生人员的红色基因教育和长短期业务培训工程。基地中建有“新四军红医馆”，主要展示新四军卫生队伍建设、卫生工作开展、战场救护伤员、为根据地民众服务等实景、实物、故事和相关资料；设有“放映厅”，专门播放《黄花塘往事》《红色医生——新四军卫生工作的故事》等电影和纪录片，以介绍新四军史料、黄花塘历史故事，弘扬“红医精神”，传承“杏林美德”，展现救死扶伤，体现鱼水深情，以此作为对前来参加培训的医疗卫生人员的革命传统和精神文明教育的实境课堂。

黄花塘新四军军部纪念馆主展厅大楼

黄花塘新四军军部纪念馆附展厅大楼

黄花塘新四军军部纪念馆展厅陈毅雕像

新四军文化园接待前厅

新四军文化园鸟瞰图

新四军文化园夜景

红色医生

作者：季官彬

黄花塘，
这个朴实又响亮的名字！
也许你并不知道她，
也许你似乎听说过她的名字，
却不知道她在什么地方？
可是在 80 多年前，
在日夜奔走的路上，
那些新四军战士，
或抬着担架，
或背着伤员，
或赶在白天山林中，
或奔在暗夜星辰下，
或在风雨，或在霜雪，
脚下或是荆棘，或是泥泞。

他们心里，
他们口中，
呼唤的只有一个名字：
“黄花塘，黄花塘！”

“到了黄花塘，生命有希望！”
在这苏北的丛林深处的小村，
在这一排小山岭之后，
闪光着几间草堂，
就是这几间草堂，
一处院落，救起
几万新四军年轻而光辉的生命！

没有呼吸机，
更没有麻醉机无影灯，
连一支麻药，
一支抗生素，
都无比的珍贵！

血污，污血，
那拌着硝烟火药味的创伤，
那撕烂的军装，
呐喊，呻吟，
如生命号角催促。

不能停，不能耽搁，
每一秒都是生与死的决绝，
给我刀，给我剪，
给我麻药！

床板被血浸泡成暗红，
成了生命的红木，
衣衫是暗红色的，
脸上溅满血，
来不及擦，来不及擦，
必须与死神决斗！
日日夜夜连续作战！
忘记了什么是歇息！
他们真的成了红色军医。

一场战斗，
就会有成百上千伤员，
在那物资奇缺、药品珍稀的年月，
新四军医务人员有限，
就是一种信念，
一种无与伦比的光辉精神，
一人顶多人的忘我奋战，
无条件创造条件。
在新四军抗战的岁月中，
救治了 8 万多伤病员。

创造了奇迹！
是一种为了国家与理想的奉献！

没有战斗的时候，
利用空闲，
医护工作者就是宣传员，
防疫知识，
做好防疫消毒工作。
走村跨县，
日夜兼程！
从不停顿！

是怎样的信念与爱，
让他们有如此的力量！
是心中的理想，
与为人民奉献的精神，
升华了他们的灵魂！

是红色，
红色的旗帜，
红色的斗志，
红色的思想，
红色鲜血的洗礼，
铸就了这钢铁般的“红色医生”！

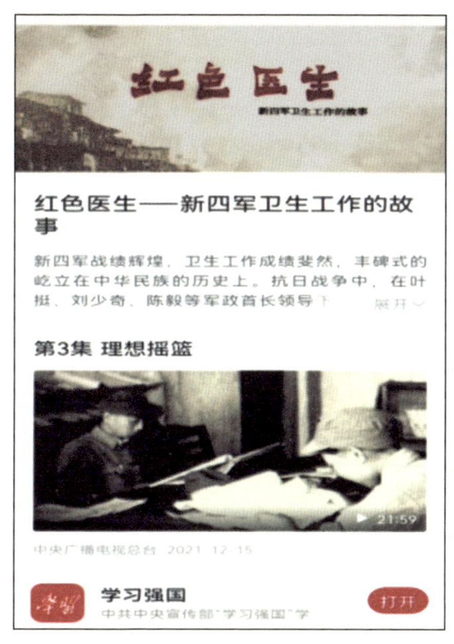

“学习强国”学习平台为纪录片开设专栏

扫此二维码观看“学习强国”学习平台中的3集纪录片《红色医生——新四军卫生工作的故事》

后　记

电视纪录片《红色医生——新四军卫生工作的故事》在央视播出后，在全国产生较大影响，许多地方电视台也相继播出，部分院校还将此作为对师生进行革命传统教育、传承红色基因、了解革命历史的重要教材。中共江苏省卫生健康行业委员会办公室、江苏省卫生健康委党史学习教育领导小组办公室还联合下发了《关于组织收看中央电视台播出的纪录片 < 红色医生 > 的通知》（苏卫行党办〔2021〕8 号），要求全省卫生健康系统认真组织收看，并作为各单位党史学习及国防教育、新时代卫生健康职业精神教育的生动教材、卫生健康系统新入职人员教育的必备教材和各类专业培训的优选教材。

鉴于电视纪录片必须借助播放设备方能展示其内容，即便在手机上也可以观看，但其效果受到极大影响，且对于其中内容的收藏、文字资料的归档也难以处理，为更好地保存新四军红医珍贵史料，宣传和发扬红医精神，增强新时期社会主义精神文明建设，进一步发扬光大新四军铁军精神，我们接受新四军老同志、相关专家和领导的意见建议，着手编撰《红色医生——新四军卫生工作的故事》同名书籍，以与纪录片相匹配，使新四军红医精神能够得到更为广泛的传播和传承。经过两年多的资料收集、走访采写和书本编撰，《红色医生——新四军卫生工作的故事》一书终于编成付梓。

在图书编撰过程中，得到新四军代军长陈毅之子、中国人民对外友好协会原会长陈昊苏，新四军副军长张云逸的长孙、北京新四军暨华中抗日根据地研究会副会长张晓龙，以及乔阿光、崔亚莉、沙莎、沙平、张克宁等新四军的后人，丁位西等新四军老卫生战士的大力支持和热心指导；也得到国家卫生健康委人口文化发展中心、江苏省卫生健康委、淮安市卫生健康委、中国新四军和华中抗日根据地研究会等单位的大力支持和帮助；许多老同志和热心作者为本书赐稿，补充了相关史料，丰富了本书内容，为本书大大增色，在此一并表示诚挚的谢意！

由于时间紧张，编撰任务繁重，我们未能及时联系上所收录作品的全部作者，加之我们水平有限，在本书中难免出现错讹、欠妥或遗漏之处，也恳望大家给予批评指正，并请相关读者予以理解，我们将进一步修改完善，以报答大家的真诚厚爱。如有疑问请联系黄花塘新四军军部纪念馆，联系人孙卫，联系电话：0517-88481869。

编　者
2024 年 8 月 1 日

油画《我们胜利了》

雕塑《浩气长存》